ANA KELLEYIAN MANOUKIAN
GUSTAVO ROMERO SANTOS

ESPIRITUAL MENTE

Lográ una Inteligencia Superior para una Vida Plena

Índice

Dedicado a mi hijo Matías E. Manoukian, un colaborador incansable, conocedor, entusiasta, creativo y comprometido.

A mi familia y amigos, quienes me apoyan siempre.

A mis maestros y profesores de toda la vida, quienes con su influencia han dejado huellas en mí hasta hoy.

A mis pastores, de quienes aprendí y aun aprendo a servir a Dios sirviendo al prójimo.

A Gustavo D. Romero Santos, por acompañarme en el camino de escribir.

DRA. ANA G. KELLEYIAN MANOUKIAN

A mi abuela Rosa, por guiarme a la maravillosa gracia de Jesucristo.

A mi amada esposa Leila y mis hijos Santiago y Lucas, por su perseverante paciencia y compañía.

A mi tío Hugo, colega, que siempre me alienta a plasmar mis sueños.

A Ana, por invitarme a embarcarnos en esta hermosa aventura.

A Dios, por su sabiduría al darnos inteligencia espiritual.

LIC. GUSTAVO D. ROMERO SANTOS

Considerar la integridad del individuo comenzando en su faz espiritual como centro del cual derivan los diversos aspectos de su personalidad, nos hace pensar en la trascendencia de la obra redentora del Evangelio, que propone cambiar al hombre desde su interior para luego transformar su manera de pensar, su comportamiento y finalmente la sociedad y el mundo. Felicitamos a la Doctora Ana G. Kelleyian Manoukian por el esfuerzo en la realización de esta obra de tanta importancia para complementar nuestra misión cristiana.

Dr. CHRISTIAN HOOFT

ABOGADO, PASTOR, VICEPRESIDENTE DE ACIERA

La fe, la esperanza, el arrepentimiento, la humildad, el perdón y el amor son herramientas más que necesarias para el ser humano.

Durante siglos se ha buscado comprender al hombre para acercarlo a estas virtudes. Sin embargo, cualquier desarrollo racional no alcanza para la obtención de estas capacidades espirituales debido a que se ha dejado de lado al Creador.

Dios es la fuente de toda razón y justicia, del amor, de la esperanza, de la fe, del arrepentimiento, del perdón. ¿Cómo entonces, no considerar el ejemplo de Jesús?

Deseo que los lectores descubran en este libro lo que no es fácil para los sabios y entendidos.

Pido que se animen a la fe en Cristo, y que nuestra buena amiga Ana, nos ilumine también, en nuestro derrotero.

LIC. LUIS HUMBERTO BOTTA
PASTOR CATEDRAL DE LA FE
DIRECTOR PROGRAMA VIDA Y
PROGRAMA JOSUÉ

Con mucha alegría y entusiasmo, recibimos la publicación de esta obra. Este libro reúne la formación interdisciplinaria, la experiencia profesional y ministerial y, por sobre todas las cosas, el espíritu investigativo de sus autores.

A partir de las neurociencias y una profunda lectura bíblica-teológica, la Dra. Ana Kelleyian Manoukian y el Lic. Gustavo Romero Santos proponen un análisis exhaustivo del concepto que está revolucionando la manera de comprender la integralidad del ser humano. La inteligencia espiritual se despliega como el eje fundamental de nuestra experiencia cotidiana, y sus herramientas colaboran en el camino ascendente de la plenitud espiritual.

¡Disfrutemos los beneficios de desarrollar una Inteligencia Espiritual según los principios de las Escrituras!

LIC. MATÍAS I. GUTAWSKI

PSICÓLOGO – PROFESOR

RECTOR ISFI – EIRENE

PRÓLOGO

¡Oh dicha de entender, mayor que la de imaginar o la de sentir!

Jorge Luis Borges

La teología se ha constituido como el estudio de la divinidad, el estudio sobre Dios. Sin embargo sería ingenuo y absurdo pensar que a Dios se lo puede poner en un tubo de ensayo y tomarlo como objeto de análisis. Dios excede cualquier comprensión y sabiduría humana. Aquí queremos aliarnos con el postulado kantiano, expuesto en la Crítica a la Razón Pura, en donde el filósofo establece que no podemos conocer a Dios, entendido como "idea última", por medio de la razón. Es decir, Dios va más allá de todo razonamiento humano.

En consonancia con lo anterior, El Apóstol Pablo, afirma lo siguiente:

Porque la palabra de la cruz es locura a los que se pierden; pero a los que se salvan, esto es, a nosotros, es poder de Dios. Pues está escrito: Destruiré la sabiduría de los sabios, Y desecharé el entendimiento de los entendidos. ¿Dónde está el sabio? ¿Dónde está el escriba? ¿Dónde está el disputador de este siglo? ¿No ha enloquecido Dios la sabiduría del mundo? Pues ya que en la sabiduría de Dios, el mundo no conoció a Dios mediante la sabiduría, agradó a Dios salvar a los creyentes por la locura de la predicación (…) Porque lo insensato de Dios es más sabio que los hombres, y lo débil de Dios es más fuerte que los hombres. 1ª Corintios 1:18-21, 25.

El Apóstol afirma, en pocas líneas, la verdad que venimos sosteniendo: Dios no es objeto de estudio de nadie. Es Creador de todo cuanto existe, es aquello Trascendente e Infinito que por amor a cada uno de nosotros, se vuelve inmanente, en relación con lo finito. Válidas aquí son las palabras del teólogo del siglo XIX Schleiermacher cuando establece la esencia del cristianismo: "Es la redención de lo finito por medio de lo Infinito (…) Cristo redimiendo al ser humano".

No podemos comprender la mente de Dios, ni podemos anticipar sus designios, a menos que Él los revele, y con ello, se autorevele a sí mismo, en tal acción. Por esta razón debemos entender que toda revelación de Dios, es autorevelación y autocomunicación de su esencia, de su presencia.

Querer hablar sobre Dios, y su voluntad es una tarea imposible sin que exista la sabiduría y el entendimiento necesarios. En otros términos nos estamos refiriendo a la *Inteligencia espiritual*.

Este libro se constituye como una herramienta de consulta imprescindible en la biblioteca de cualquier lector, ya que brinda las claves fundamentales para comprender, no solo, la esencia de la inteligencia espiritual, sino también su articulación en nuestra praxis cotidiana. En palabras de los autores, inteligencia espiritual es búsqueda constante, anhelo de intervención divina en nuestra vida. Si hay un sentido en la teología, en la vida cristiana y, sobre todo, en la vida en términos generales, es gracias al entendimiento que Dios nos brinda de sí. Pienso que es tiempo para ejercitar nuestra inteligencia. ¿Cómo? Comience por el primer capítulo.

LIC. ERIC BETTROS

PSICÓLOGO - PROF. UNIVERSITARIO

INVESTIGADOR DEL CONICET

INTRODUCCIÓN

Hay algo más profundo que nuestra mente, algo más allá del afecto y la emoción, algo más poderoso que la voluntad y es la existencia del espíritu en nuestro interior. Tú debes saber que posees un espíritu que tiene su propia mente y sus propias leyes. La mente es la parte dirigente del espíritu. Existe una personalidad espiritual. Una *Inteligencia espiritual.*

Al principio, me preocupaba ser víctima de esa vieja costumbre que todos tenemos de leer libros de aquellos autores que sostienen las mismas teorías que nosotros. De esta manera, nos reafirmamos y nos sentimos más seguros de nuestras ideas. En cierto modo, nos radicalizamos. Esta es una práctica tan extendida como irracional. Para evaluar la veracidad de una hipótesis, el primer paso es buscar argumentos en contra y no al revés, como solemos hacer.

El planteo que se presentó a la vez que escribía era definir si este sería un libro de investigación científica o de autoayuda. Miguel Zandrino[1] dice que el hombre de fe es libre y no debe temer investigar sea cual fuere el resultado con el que se encontrará.

Luego de leer, escuchar y observar durante mucho tiempo, empecé a reflexionar acerca de cómo hacen algunas personas para ayudar mejor a los otros. ¿Qué los hace diferentes?

En materias como antropología, filosofía, sociología, escuché y leí que en toda la historia de la humanidad el hombre

---

[1] Zandrino, Miguel A. El origen del hombre, un enfoque bíblico y científico. Editorial Certeza. 1977.

tuvo un concepto de Dios. Este libro es fruto de observaciones, vivencias y reflexiones acerca de la espiritualidad. ¿Qué es y cómo se logra la *Inteligencia espiritual*? ¿Existe un espíritu inteligente en ciertas personas únicas o todos podemos tener y usar la *Inteligencia espiritual*? Te invito a releer tu propia historia desde otro lugar. Entender cuál es el propósito de que estés en la Tierra y por qué estás leyendo este libro ahora.

Cuando tenía 12 años, tuve una experiencia especial con la trascendencia. Trascender es salir fuera de mí, es ir un poco más allá. Entendí en la adolescencia, tiempo en que podemos comenzar a simbolizar, que existe 'algo' en algunas personas. A esa edad conocí a una mujer llamada Lidia. Ella tuvo 'ese algo'. Ella podía enseñarme y darme la tranquilidad de hacer algo a su lado aunque me equivocara. Parece que Lidia creía en las personas, las motivaba. Me gustaba cuando ella me felicitaba por algún logro por más pequeño que fuera. Transitamos juntas, cada vez más juntas, unos cuarenta años. Y cuando le pregunté por qué admiraba a las personas, me dijo que eran creación de Dios y que ella amaba a Dios y que le parecía que debía felicitar a quienes hacían algo bien, "en especial a los que hacen cosas que yo no sé hacer". Esa mujer no tuvo títulos especiales ni el éxito que solemos venerar, ella tenía *Inteligencia espiritual*. Eso le alcanzaba para actuar correcta y éticamente y también para decir la palabra justa en el momento adecuado.

Este es un libro humanístico, no religioso, ni teológico, ni psicológico específicamente. Es un texto con espíritu humanístico, humano, no divino. Es necesario continuar, y aun habiendo hecho la última leída de la última página de este escrito sigo investigando, observando y escribiendo sobre el espíritu.

Alrededor de 4 mil millones de personas en el mundo se identifican con algún grupo religioso. Sin embargo, hay pocos registros serios sobre la espiritualidad en Argentina.

Solo el 2% de las investigaciones en salud mental en el mundo incluyen lo religioso o lo espiritual en sus variables estadísticas. Por tanto, diseccionan al ser humano estudiando solo la mente y quizás algo del cuerpo, pero no incluyen al espíritu.

Las nuevas tendencias en el estudio del cerebro han avanzado en las últimas décadas más que nunca en la historia de la humanidad. Entre otras cosas, gracias al avance tecnológico. Hice la prueba comparando dos guías de material médico y hace 25 años se publicitaban las primeras camas ortopédicas eléctricas, hoy se ofrecen tomógrafos, resonadores, mamógrafos, cada vez más sofisticados, automáticos, electrónicos.

La espiritualidad o la necesidad de creer es transversal a cualquier área del ser humano, por tanto resulta imprescindible estudiar el impacto de la espiritualidad en el funcionamiento del cerebro para descubrir sus beneficios.

Este libro intenta mostrar una nueva visión sobre el ser humano en el planeta Tierra, en especial acerca de los que estamos de este lado, en el fin del mundo.

Capítulo 1

¿A QUÉ LLAMAMOS INTELIGENCIA?

Di a la sabiduría: Tú eres mi hermana, y a la inteligencia llama parienta.

Proverbios 7:4

La inteligencia consiste no sólo en el conocimiento, sino también en la destreza de aplicar los conocimientos en la práctica.

Aristóteles (384 AC – 322 AC)

En la edad escolar, el inteligente parece que es el alumno calificado con las mejores notas. Hasta hace unos años, se les realizaban a los niños y adolescentes unas pruebas para medir el coeficiente intelectual (CI). Incluso se presumía que aquellos que tuvieran mayor CI se iban a desempeñar mejor en la vida.

No obstante, si nos detenemos a observar, nos encontramos con situaciones tales como las siguientes:

El "crack" del fútbol argentino, Lionel Messi, que juega en el equipo Barcelona de España, considerado el mejor jugador actual de ese deporte, nos hace disfrutar con sus jugadas y exclamar "¡Genio!". ¿Qué es lo que nos lleva a definirlo de esa manera?

Así, te invito a recurrir al diccionario (en mi época lo llamábamos "mataburros" pues nos sacaba del estado de ignorancia, nos "desasnaba"), y buscar la definición del término "inteligencia". En este caso en el *Diccionario de la Real Academia Española (DRAE)*. Lo primero que nos llama la atención es la variedad de acepciones que tiene la palabra en cuestión.

Descubrimos que la inteligencia que nos ocupa proviene del latín *intelligentia*, que a su vez deriva de *inteligere*. Esta es una palabra compuesta por otros dos términos: *intus* ("entre") y *legere* ("escoger").

Por lo tanto, el origen etimológico del concepto de inteligencia hace referencia a quien sabe elegir: la inteligencia posibilita la selección de las alternativas más convenientes para la resolución de un problema. Más adelante, analizaremos esto en función de la "toma de decisiones" en nuestro cerebro.

Así es que la primera acepción que encontramos en el citado *Diccionario* es "Capacidad de entender o comprender". La segunda: "Capacidad de resolver problemas". Y la tercera: "Conocimiento, comprensión, acto de entender".

Ahora, volviendo a Lionel Messi, cuando el futbolista se tiene que enfrentar a una situación del juego en donde es necesario eludir a los adversarios para llegar al arco contrario, ciertamente acordarás conmigo, el "genio" del Barcelona tiene una suprema habilidad para encontrar una opción que resuelva la dificultad en centésimas de segundo.

Y el *Diccionario*, que recoge los usos y costumbres para los cuales son utilizados los términos, prevé esta eventualidad y en su quinta acepción encontramos: "Habilidad, destreza y experiencia".

Pero esto no queda aquí. Concordarás conmigo en que personas a quienes se las califica como muy inteligentes, sin embargo, no lucen su talento intelectual en la vida, por la falta de trato social.

Seguramente, en algo de esto estaría pensando el psicólogo, investigador y profesor de la Universidad de Harvard (Estados Unidos de América), Howard Gardner, cuando formuló en 1983 su modelo de las Inteligencias

Múltiples. Éste incluye siete tipos de inteligencia: verbal, lógico-matemática, espacial, musical, cinestésica, interpersonal e intrapersonal. Luego hablaremos de las que definió años más tarde.

Estas inteligencias operan juntas, aunque como entidades semiautónomas. Cada persona desarrolla unas más que otras (resulta difícil imaginarse a Bill Gates jugando como un gran centrodelantero o al tenista suizo Roger Federer llevando adelante los desarrollos informáticos de Steve Jobs).

Así, por ejemplo, la "Inteligencia Corporal y Cinética" es la facilidad para procesar el conocimiento a través de las sensaciones corporales (¡las genialidades de Messi!).

Y, como te contaba antes, hay personas que son sumamente capaces en lo que hace a lo lógico-matemático, pero les cuesta entablar relaciones interpersonales, lo que Gardner llamó "Inteligencia Interpersonal (inteligencia social)".

Existen también aquellos a los que no les es fácil relacionarse consigo mismos, es decir, reconocer sus reacciones, emociones y vida interior. Es la "Inteligencia Intrapersonal". ¿Nunca experimentaste: "ANPREX" (Ansiedad Pre Examen)? Te preparaste bien, pero llega el día de la prueba y, de repente, te quedás completamente en blanco y no sos capaz de responder a esas preguntas que sabías el día anterior.

Es bastante normal estar un poco ansioso antes de rendir un examen. Y cierta dosis de estrés anticipatorio bien te puede ayudar a mantener un rendimiento alto mientras hacés el examen.

Pero en algunas personas esa ansiedad es sumamente intensa. Se ponen tan nerviosas antes de someterse al examen que su nerviosismo interfiere en su concentración y su rendimiento. O incluso, se enferman o abandonan el reto saboteando lo que podrían haber llevado adelante espléndidamente. El cuerpo baja las defensas autoinmunes, se estresa, somatiza. En general se afecta su parte más vulnerable. Duele la cabeza, los dientes, afecta la respiración, el estómago, sufre de acidez, taquicardia, asma, etc. Y todo ¿por qué? ¿por falta de inteligencia cognitiva? No, por fallar en la "Inteligencia Intrapersonal". De hecho, tengo un amigo que nunca terminó su carrera porque ¡no se animó nunca a dar el último examen!

El padre del psicoanálisis, Sigmund Freud, escribió un artículo al respecto que te recomiendo: *Los que fracasan al triunfar*. Este fenómeno tiene relación con la autoestima, con el sentimiento de que "algo es demasiado bueno para ser cierto".

Toda una novedad lo del profesor Gardner, pues amplía el campo de lo que es la inteligencia y reconoce lo que suponíamos: que la brillantez académica no lo es todo en la vida. ¡Buena noticia para aquellos que no gozaron de buenas calificaciones en las materias de corte intelectual en la escuela elemental!

Hay gente de gran capacidad intelectual pero incapaz de, por ejemplo, elegir bien a sus amistades o pareja y, por el contrario, hay gente menos brillante en la escuela que triunfa en el mundo de los negocios, en los deportes o en su vida privada. En todos estos terrenos se requiere ser inteligente, pero en cada uno de ellos se utiliza un tipo de inteligencia distinto. Ni mejor ni peor, pero sí, diferente.

Mirémoslo de esta forma: El científico Stephen Hawking no es más ni menos inteligente que el basquetbolista Michael Jordan, simplemente sucede que sus inteligencias sobresalen en campos diferentes.

Pero hay algo más de nuestro amigo Gardner: él define la inteligencia como una capacidad. Antes, la inteligencia se consideraba algo innato e inamovible. Se nacía inteligente o no y, siguiendo el dicho de José Hernández en boca de nuestro querido *Martín Fierro*, "al que nace barrigón es al ñudo que lo fajen"[2], la educación no podía cambiar ese hecho.

Todos, pero todos los seres humanos, somos capaces de entender y enfrentar el mundo a través de modos diferentes: a través del lenguaje, del análisis lógico-matemático, la representación espacial, el pensamiento musical, el uso del cuerpo, la naturaleza, una comprensión de los demás y una comprensión de nosotros mismos.

¿En qué nos diferenciamos entonces? En la intensidad de estas inteligencias y en las formas en que recurrimos a ellas y las combinamos para desempeñarnos en la vida y progresar en distintas esferas.

Ahora bien, a todas ellas las podemos desarrollar en mayor o menor medida. Así es que estas diferencias desafían al sistema educativo que suponía que todo el mundo podía aprender las mismas materias del mismo modo y que bastaba con una medida uniforme y universal para poner a prueba el aprendizaje de los alumnos.

Por consiguiente, en la actualidad sabemos que eso que llamamos inteligencia no es un fenómeno tan reduccionista, simple ni uniforme. Más bien es algo complejo y difícil de definir. La psicología actual admite la existencia de distintos tipos de inteligencia, cuyo número varía en función del autor que las plantee.

Un nuevo concepto: La Inteligencia espiritual

El *Diccionario Oxford* define al espíritu como la parte inmaterial, intelectual o moral del hombre. Esta definición la toma la Organización Mundial de la Salud y señala que la espiritualidad nos conduce hacia preguntas sobre el sentido y el propósito de la vida y no está necesariamente limitada a ningún tipo de creencias o prácticas en particular. El ámbito de

---

[2] Expresión popular de aceptación de algo como cosa inevitable.

la espiritualidad vincula lo profundamente personal con lo universal y es esencialmente unificador.

La espiritualidad, por su ausencia de límites, es difícil de definir, pero su impacto puede ser medido.

El Dr. H. Lande escribe que una definición de espiritualidad amplia, que puede facilitar el encuentro de bases comunes entre las diversas culturas, incluye tres necesidades humanas que posiblemente son universales: 1. La necesidad de encontrar sentido, propósito y realización en la vida; 2. La necesidad de esperanza o de voluntad de vivir; 3. La necesidad de creer, tener fe en uno mismo, en los otros o en Dios. Para fines prácticos, dado que el concepto de religión se subyuga al concepto de espiritualidad, de ahora en adelante, nos referiremos a este factor como "espiritualidad / religiosidad".

Por lo tanto, parece ser una necesidad conocer sobre este tema. Más adelante trataremos los beneficios de la espiritualidad en la salud mental y en qué medida los grupos religiosos pueden colaborar en responder al bienestar integral del individuo y a las necesidades de la comunidad.

Quizá hayas escuchado o leído acerca de Daniel Goleman quien con su libro *Inteligencia Emocional*[3] tuvo el indudable mérito de divulgar y popularizar lo que Howard Gardner había comenzado a esbozar con su teorización acerca de las inteligencias intrapersonal e interpersonal, refiriéndose a las siguientes habilidades:

- Conciencia de sí mismo y de las propias emociones y su expresión.
- Autorregulación, control de los impulsos, de la ansiedad, diferimiento de las gratificaciones, regulación de nuestros estados de ánimo.

---

[3] "Inteligencia emocional" es un término acuñado en 1990 por dos psicólogos de la Universidad de Yale (Peter Salovey y John Mayer).

- Motivación y perseverancia a pesar de lasfrustraciones (optimismo).
- Empatía (ponerse en el lugar del otro) y confianza en los demás.
- Las artes sociales.

Visto de otra manera, las habilidades prácticas que se desprenden de la Inteligencia Emocional pueden ser clasificadas en las dos áreas enunciadas por Gardner:

1) Inteligencia Intrapersonal (internas, de autoconocimiento).

A) Autoconciencia (capacidad de saber qué está pasando en nuestro cuerpo y qué estamos sintiendo).

B) Control emocional (regular la manifestación de una emoción y/o modificar un estado anímico y su exteriorización).

C) Capacidad de motivarse y motivar a los demás.

2) Inteligencia Interpersonal (externas, de relación).

A) Empatía (entender qué están sintiendo otras personas, ver cuestiones y situaciones desde su perspectiva, "ponerse en sus zapatos").

B) Habilidades sociales: (destrezas que rodean la popularidad, el liderazgo y la eficacia interpersonal y que pueden ser usadas para persuadir y dirigir, negociar y resolver disputas, para la cooperación y el trabajo en equipo).

Ahora bien, la inquietud científica del Dr. Gardner lo llevó a referirse en su teoría de las inteligencias múltiples, a un tipo de inteligencia que denominó "inteligencia existencial o transcendente". Según este investigador es "la capacidad para situarse a sí mismo con respecto al cosmos, así como la capacidad de situarse a sí mismo con respecto a los rasgos existenciales de la condición humana como el significado de la vida, el significado de la muerte y el destino final del mundo físico y psicológico en profundas experiencias como el amor a otra persona o la inmersión en un trabajo de arte".

De hecho, en 1999, presentó dos nuevas inteligencias: naturalista y existencial, aclarando que una tercera, la *Inteligencia espiritual* evidenciada a través de una inquietud por las cuestiones espirituales o religiosas, es una variedad de la inteligencia existencial[4].

Claro que al llegar a este punto quizá te estés preguntando: "*Inteligencia espiritual* ¿no será mucho?".

Ya, luego de la segunda guerra mundial, con el Dr. Víctor Frankl, sobreviviente de los campos de concentración, aparece la idea de un inconsciente espiritual. Es en este inconsciente en donde tendrán cabida una moralidad y una creencia o religiosidad inconsciente. Así es que funda la logoterapia, considerada una psicoterapia espiritual, tratando de introducir la práctica en el cuidado espiritual, como parte distinta e independiente de la propia esfera psicológica, constituyendo un complemento necesario a la psicoterapia tradicional[5].

Y el profesor Abraham Maslow en su famosa pirámide o jerarquía de las necesidades humanas, teoría psicológica desarrollada en su libro *Una teoría sobre la motivación humana* (en inglés, *A Theory of Human Motivation*) de 1943, que posteriormente amplió, aportó el término "autorrealización" en la cúspide.

La autorrealización, para este autor, es un estado espiritual en el que el individuo emana creatividad, es feliz, tolerante, tiene un propósito y una misión de ayudar a los

---

[4] Howard Gardner, La Inteligencia reformulada: Las inteligencias múltiples en el siglo XXI, Paidós, Barcelona, 2007.
[5] Viktor Frankl, A presença ignorada de Deus. São Leopoldo/ Sinodal; Petrópolis/ Vozes, 1992. pág. 18.

demás a alcanzar ese estado de sabiduría y beatitud. Es a través de su satisfacción que se encuentra una justificación o un sentido válido a la vida mediante el desarrollo potencial de una actividad. Fue un precursor de lo que ahora denominamos *Inteligencia espiritual*.

En los comienzos de este siglo, hubo varios autores que estudiaron este tipo de inteligencia. Entre ellos, se encuentra la psicóloga Frances Vaughan [6], para quien la *Inteligencia espiritual* está relacionada con la Inteligencia emocional porque la espiritualidad implica desarrollar una sensibilidad intrapersonal e interpersonal. "Prestar atención a los pensamientos y sentimientos subjetivos y cultivar la empatía es parte del aumento de la conciencia de la vida espiritual interior". Explica también que utilizamos nuestra *Inteligencia espiritual* cuando exploramos el significado de preguntas como "¿Quién soy yo?", "¿Por qué estoy aquí?" o "¿Qué es lo que realmente importa?".

Los Dres. Danah Zohar y Ian Marshall vinculan el concepto de "espiritualidad" con el de "inteligencia". Una de las formas en que definen a la *Inteligencia espiritual* es como aquella "[…] inteligencia con la que afrontamos y resolvemos problemas de significados y valores, la inteligencia con que podemos poner nuestros actos y nuestras vidas en un contexto más amplio, más rico y significativo, la inteligencia con que podemos determinar que un curso de acción o un camino vital es más valioso que otro. La *Inteligencia espiritual* es la base necesaria para el eficaz funcionamiento tanto del Cociente Intelectual como de la Inteligencia emocional. Es nuestra inteligencia primordial".

---

[6] Presidenta de la *Transpersonal Psychology and the Association for a Humanistic Psychology*.

También sería la capacidad de dar una respuesta a la pregunta: "¿Quién soy?", de encontrar un sentido profundo a la vida y permanecer alineado con los principios trascendentales.

El ser humano es un sujeto simbólico, una criatura de significado. Por ello es parte de la condición humana el hacerse preguntas del tipo: "¿Qué hacemos aquí?", "¿Para qué estamos?", "¿Qué podemos esperar?", lo que no significa que tengamos una respuesta para todo ello o que solo haya una.

Como vemos en estas definiciones, la *Inteligencia espiritual* es la que nos permite entender el mundo, a los demás y a nosotros mismos desde una perspectiva más profunda y más llena de sentido; nos ayuda a trascender el sufrimiento. Por este motivo, muchos autores la consideran el tipo de inteligencia más elevada de todos.

Pero veamos de qué se trata, más detenidamente, con un ejemplo del periodista deportivo Roa que califica a Vicente Del Bosque como un contraejemplo de soberbia. El técnico que sacó a España campeón del mundo en fútbol acababa de ser elegido el mejor entrenador del mundo y en el diario *El País* de España, le preguntaron qué le preocupaba en la vida.

Dijo: "Intentar que mis hijos sean majos (sinónimo de agradable, sociable). No digo unos estudiantes excelentes, unos profesionales de éxito, no. Digo: que de ellos se diga que son buena gente, respetuosos, solidarios. Esa es mi preocupación máxima. No tengo otra".

Uno de los tres hijos de Del Bosque, Álvaro, sufre el síndrome de Down y sobre él también le preguntaron. "De entrada no lo esperas. Así que tras su nacimiento nos hicimos tres preguntas.

La primera fue: ¿Por qué a nosotros?

Esa la haces muy rápido y rápido la respondes con la siguiente pregunta: ¿Y por qué no nos va a tocar, ya que tenemos medios y podemos ayudarle a ser feliz? ¿Y la tercera?:

Ahora muchas veces nos preguntamos ¿qué sería de nosotros sin él?

No entendemos la vida sin Alvarete".

En la respuesta del técnico de la selección española encontramos, al menos, las siguientes características:

a) Es lo que los psicólogos denominan "independiente del campo", es decir, al dar una respuesta tan maravillosamente poco común, posee una facilidad para reaccionar diferente a las convenciones.

b) Posee la cualidad de ser inspirado por visiones y valores, al responder qué le preocupaba en la vida. Curiosamente no espera que sus hijos desarrollen una gran inteligencia intelectual y emocional sino, espiritual.

c) Evidencia principios morales y una actitud de amor hacia sus hijos.

Al respecto, Marc Hauser, psicobiólogo de la Universidad de Harvard y autor del libro *Moral minds: The unconscious voice of right and wrong*, explica que "emociones como la venganza, la compasión o el amor son conductas que han ayudado al ser humano a sobrevivir en comunidad desde hace muchos miles de años. Incluso la moral es una herramienta heredada biológicamente para consolidar una sociedad".

Nos extenderemos luego sobre este tema fundamental.

d) Ante el nacimiento de Álvaro, muestra capacidad de ser flexible (activa y espontáneamente adaptable) y de poseer un alto nivel de conciencia de uno mismo y de capacidad de afrontar y usar el sufrimiento, de enfrentar y trascender el dolor.

e) La tendencia a ver las relaciones entre las cosas, es decir, a ser "holístico".

f) El vivir este acontecimiento de un modo espiritual lo ha llevado a una gran sabiduría interior.

g) De tomar distancia de la realidad, pero también de sus emociones y, por lo tanto, tener más capacidad, también, de autodominio sobre ellas.

h) Pasar de preguntarse el "por qué" al "para qué", evidencia una necesidad de otorgar sentido a lo que le pasa, experimenta su existencia como problemática y muestra la necesidad de pensar qué hacer. Si observás bien, la respuesta que brinda al sentido de su vida con respecto a Álvaro se concreta en el verbo "dar" y en testimoniar a los otros que, con su ser y hacer, su vida cobra sentido precisamente en las cosas que realiza en y para su hijo. En definitiva, Del Bosque presenta una notable habilidad de construir sentido.

Como podemos ver, no es poco.

Resumen

- En 1983, Howard Gardner, formuló en suprimer modelo de las Inteligencias Múltiples siete tipos de inteligencia: verbal, lógicomatemática, espacial, musical, cinestésica, interpersonal e intrapersonal.

- En la actualidad, sabemos que eso que llamamos inteligencia no es un fenómeno tan reduccionista, simple ni uniforme. Más bien es algo complejo y difícil de definir. La psicología actual admite la existencia de distintos tipos de inteligencia, cuyo número varía en función del autor que las plantee.

- Daniel Goleman, con su libro *Inteligencia emocional*[7], tuvo el indudable mérito de divulgar y popularizar lo que Howard Gardner había comenzado a esbozar con su teorización acerca de las inteligencias intrapersonal e interpersonal.

---

[7] "Inteligencia emocional" es un término acuñado en 1990 por dos psicólogos de la Universidad de Yale (Peter Salovey y John Mayer)

- La *Inteligencia espiritual* es la base necesaria para el eficaz funcionamiento tanto del Cociente Intelectual como de la Inteligencia emocional. Es nuestra inteligencia primordial.

Capítulo 2

¿QUÉ ES LA INTELIGENCIA ESPIRITUAL?

La Inteligencia espiritual tiene que verse en una vida plena.

R. H. Bautista

Se dice que la *Inteligencia espiritual* es la facultad que nos da el Espíritu Santo para que nuestra mente espiritual comprenda a Dios y las cosas de Dios. En este capítulo, comenzamos a analizar la *Inteligencia espiritual cristiana* con algunas breves definiciones. Para ello, utilizaremos párrafos o textos de la Biblia.

¿Qué es la *Inteligencia espiritual*? Es la facultad de conocer las cosas espirituales, de captarlas, de formarlas, de acomodarlas y de comprenderlas. Un cristiano inteligente es una persona sabia, dotada e instruida. El apóstol Pablo le dice a los corintios en 1 Corintios 3:1 que él "no pudo hablarles como a espirituales, sino como a carnales, como a niños en Cristo". ¿Por qué? ¿Será porque a los carnales les falta aún crecer en la vida cristiana?

Dice Colosenses 1:9,10: "Por lo cual también nosotros, desde el día que lo oímos, no cesamos de orar por vosotros, y de pedir que seáis llenos del conocimiento de su voluntad en toda sabiduría e inteligencia espiritual, para que andéis como es digno del Señor, agradándole en todo, llevando fruto en toda buena obra, y creciendo en el conocimiento de Dios".

El apóstol Pablo nos habla de la *Inteligencia espiritual*. Observa que esta inteligencia tiene que ver con la sabiduría y el conocimiento de Dios, y esto es un asunto de la mente espiritual. Efesios 1:17,18 nos dice que la sabiduría y el conocimiento alumbran los ojos de nuestro entendimiento. Dios mismo es quien da espíritu de sabiduría y de revelación para que podamos entender la supereminente grandeza de su poder.

Por medio de la intuición (discernimiento), tu espíritu detecta las cosas espirituales. Pablo dice en 1 Corintios 2:14 que "el hombre natural no percibe las cosas que son del Espíritu de Dios"; no las detecta. ¿Por qué? Porque no es espiritual. La intuición es la que te ayuda a distinguir entre aquello que es espiritual y lo que es relativo al alma (actualmente llamado "almático"). La intuición es la que te ayuda a desarrollar el sentido espiritual en comparación con el sentido físico de las cosas. Por ejemplo: ¿Cómo intuís espiritualmente un ayuno físico? Lo intuís al conocer el significado espiritual del ayuno. ¿Cuál es? Si el ayuno físico es no comer, el ayuno espiritual es no pecar. Por un lado, rechazo la comida y, por el otro, rechazo la tentación de pecar. Esto es intuición espiritual. La intuición es la que expresa el pensamiento, el significado y la revelación espiritual de una cosa.

¿Y qué de la comunión? Sabemos que nos comunicamos con el mundo material por medio del cuerpo. Pero con el mundo espiritual nos comunicamos a través del espíritu. No puede existir comunicación entre dos naturalezas diferentes. Hablamos de comunión entre cosas de un mismo género, idioma y naturaleza. ¿Por qué no podemos hablar con una hormiga? Porque no somos de su misma naturaleza; no podemos tener comunión con la hormiga. ¿Para qué dijo Pablo: "El que se une al Señor, un espíritu es con él" en 1 Corintios 6:17? Para que comprendas la posibilidad de la comunión recíproca entre Dios y vos.

¿Y qué de la conciencia espiritual? Conciencia significa *con uno mismo*. Hay dos cosas que trabajan juntas: la conducta y la conciencia. La conciencia es el testimonio dado en la propia conducta. La conciencia es la facultad de llegar a saber aquello que está dispuesto para gobernar nuestras vidas. También se la conoce como el proceso de pensamiento que distingue lo que considera moralmente bueno de lo malo. Alabando lo bueno, condenando lo malo; y así impulsando a hacer lo bueno y a evitar lo malo.

La conciencia es la que reprueba el pecado y aprueba la santidad, la justicia de las cosas. ¿Quién es aquel que posee una *Inteligencia espiritual*? Es aquel que renuncia a lo oculto y vergonzoso. Aquel cuya conciencia no le presenta reproche alguno. Que no hace nada que lo ponga bajo represión (es irreprensible). En Hechos 23:1, Pablo dijo: "Yo con toda buena conciencia he vivido delante de Dios hasta el día de hoy". Entonces, ¿Para qué sirve la *Inteligencia espiritual*? Colosenses 1:10 dice: "Para que andéis... llevando fruto en toda buena obra".

El término griego nûs

Al considerar nuevamente Colosenses 1:9, en primer lugar, debemos indicar que los términos griegos *nûs* y *pneuma* se refieren al espíritu, aunque existe una gran diferencia entre ellos. Así como el *pneuma* identifica el espíritu en general, el *nûs* es la parte superior o racional del mismo. Romanos 8:25 también lo menciona: "Así que, yo mismo con la mente (*nûs*) sirvo a la ley de Dios, mas con la carne a la ley del pecado".

El *nûs,* la razón, mente o espíritu del ser humano, es una noción griega muy distinta del *pneuma* en el sentido sobrenatural y aún del espíritu en el sentido bíblico como la parte superior del mismo. El *nûs* es el principio de la inteligencia y del juicio moral. Es normalmente recto, pero tiende a pervertirse por la carne y debe ser renovado en el propio espíritu y por el Espíritu[8]. Pablo confirma este concepto cuando nos ordena: "…renovaos en el espíritu de vuestra mente" (Efesios 4:23). También, en Colosenses 3:10, Pablo nos insta a revestirnos del nuevo hombre, que se va renovando hasta alcanzar un conocimiento perfecto, según la imagen de su Creador.

Por consiguiente, el *nûs* relaciona el espíritu y la materia, se ocupa de la trascendencia de lo sagrado y de los comportamientos virtuosos: perdón, gratitud, humildad y compasión. Comprendemos que somos parte de un todo, con el cual necesitamos estar permanentemente en contacto, tanto por medio de la oración personal como al asumir nuestra responsabilidad social y moral. También lo hacemos si practicamos las leyes espirituales de amor, paz y felicidad, entre otras.

Según el punto de vista estrictamente religioso, podemos aseverar que la *Inteligencia espiritual* es la facultad que nos da el Espíritu Santo para que nuestro *nûs* o mente espiritual comprenda a Dios y las cosas de Dios. Ello nos dará la facultad de conocer las cosas espirituales, captarlas y comprenderlas.

Cuando Pablo les dijo a los corintios que no pudo hablarles como a hombres espirituales, sino como a carnales, como a niños en Cristo, y que les había dado a beber leche y no alimento sólido, pues todavía no lo podían soportar (1 Corintios 3:1-2), les estaba advirtiendo de esta manera porque los allí reunidos no habían alcanzado aún la *Inteligencia espiritual*.

Definitivamente, contamos con algo más poderoso que la voluntad. Es la existencia del espíritu en nuestro interior que nos permite disponer de la *Inteligencia espiritual*, la cual concede la capacidad de profundizar o de trascender lo superficial, y así ahondar hasta el infinito.

---

[8] Referido al espíritu humano: espíritu. Referido a Dios: Espíritu Santo, tercera persona de la Trinidad.

Lao-Tsé, que significa el Viejo Maestro, fue un filósofo chino del siglo VI a.C. En su obra *Tao Te Ching*, nos dice que el necio sólo percibe la diferencia, mientras que el sabio capta aquello que une. Por ello, la *Inteligencia espiritual* nos concede la capacidad de ver lo que nos une en vez de lo que nos separa.

La *Inteligencia espiritual* está íntimamente ligada a la sabiduría y al conocimiento de Dios, y esto es un asunto de la mente espiritual, el *nûs*. El apóstol Pablo nos dice en Efesios 1:17-18 que la sabiduría y el conocimiento alumbran los ojos de nuestro entendimiento. El cristiano que posee la *Inteligencia espiritual* no vive vacíos espirituales porque está lleno del pleno conocimiento de la Palabra de Dios, la cual le sustenta en su vida diaria. Tiende a mantenerse firme, objetivo y estable.

¿Cómo obtener la Inteligencia Espiritual?

La pregunta que, seguramente, se está formulando el lector de este texto es: ¿Y cómo obtengo yo la *Inteligencia espiritual*? El mismo apóstol Pablo nos da la respuesta:

"Porque los que son de la carne piensan en las cosas de la carne; pero los que son del Espíritu, en las cosas del Espíritu" (Romanos 8:5). Aquí se refiere a aquellos que viven según la carne o según el Espíritu. Y a los filipenses Pablo les dijo: "Por lo demás, hermanos, todo lo que es verdadero, todo lo honesto, todo lo justo, todo lo puro, todo lo amable, todo lo que es de buen nombre; si hay virtud alguna, si algo digno de alabanza, en esto pensad" (Filipenses 4:8). Estos son los frutos de la Inteligencia espiritual.

Ella brinda respuesta al sentido de la vida y a las inquietudes acerca de por qué vivir y qué hay más allá de la propia vida. Es el ápice, la cumbre espiritual o conciencia por medio de la cual Dios nos habla. La *Inteligencia espiritual* genera el sentimiento de vivir una vida con sentido, estimula la esperanza y permite la captación de valores. Sin embargo, debemos ser conscientes que para alcanzarla no basta con conocer sus diferentes aspectos ni el sentido de los mismos. Nunca alcanzaremos esta inteligencia salvo que, además del conocimiento, apliquemos la comprensión de lo aprendido. No es igual conocer que comprender.

El claro ejemplo de ello es la propia Palabra de Dios: podemos leer toda la Biblia y sentir que nos agradó lo que leímos. Pero hasta que no comprendamos cabalmente el significado de lo escrito, qué quiso decirnos Jesús a través de sus mensajes, sólo nos quedará el conocimiento y no la comprensión, lo cual dificultará o aún imposibilitará aplicar esos mensajes a nuestra propia vida. Esta conjunción entre comprensión y aplicación es, precisamente, la función principal de la *Inteligencia espiritual.*

Por otra parte, es importante cuidar y mantener viva esta inteligencia. Para ello debemos priorizar y centrarnos en lo espiritual, no en lo material. Sabemos que la materia es un componente de la realidad, pero no basta ni siquiera en la ciencia. Junto a la masa es necesario percibir la energía. Por ello, el materialismo es la cárcel del pensamiento, su negación. Aristóteles advertía que no es el cuerpo el que contiene el alma, sino lo contrario; el alma es la que contiene el cuerpo, lo vivifica y lo dirige.

No hay filosofía sin espiritualidad; no hay cultura sin espiritualidad; no hay comunicación con Dios sin espiritualidad. En un entorno espiritualmente rico, donde la vida espiritual se desarrolla creativa y eficazmente, se estimula la inteligencia espiritual; mientras que en un ambiente materialista y pragmático, utilitarista y consumista, esta inteligencia espiritual simplemente permanece atrofiada.

Y cuando la *Inteligencia espiritual* queda atrofiada, suelen suceder dos consecuencias dramáticas: el fanatismo y el maniqueísmo. En primer lugar, el fanático sólo ve lo que le separa del otro y convierte al que no piensa como él en un enemigo a combatir o a convertir. En segundo lugar, la atrofia de la *Inteligencia espiritual* conduce al *nûs* de buenos y malos, que es la base de la formulación del filósofo persa Maní o Manes [9] (siglo III d. de J.C.). Según su errónea doctrina religiosa, existen dos principios creadores: uno para el bien y otro para el mal que luchan siempre entre sí.

La persona es el único ser que puede tomar distancia del mundo y de sí mismo para interrogarse acerca del sentido y del fundamento de su ser y de su existir. Siendo del mundo y de sí mismo, puede objetivar al mundo y a sí mismo, y buscar un Ser Absoluto que lo justifique todo. Cuando lo hace, ya ha comenzado a desarrollar su *Inteligencia espiritual*.

"Y, entonces, abrió sus inteligencias para que comprendieran las Escrituras" (Lucas 24:45 – Biblia de Jerusalem 1976).

Sabiduría Espiritual: Oración y Conocimiento de la Voluntad de Dios

Desde el día en que Pablo, Timoteo y todos los demás colaboradores del apóstol oyeron de la conversión y del establecimiento de la iglesia de Colosas no cesaron de orar continuamente.

"Siempre orando por vosotros, damos gracias a Dios, Padre de nuestro Señor Jesucristo, habiendo oído de vuestra fe en Cristo Jesús, y del amor que tenéis a todos los santos… que ha llegado hasta vosotros, así como a todo el mundo, y lleva fruto y crece también en vosotros, desde el día que oísteis y conocisteis la gracia de Dios en verdad" (Colosenses 1:3,4,6).

También puede leerse acerca de la oración del apóstol Pablo en Romanos 1:8-10. Vea acerca de la oración de intercesión en 1 Samuel 12:23; Hechos 12:5; Filipenses 1:4; 1 Tesalonicenses 1:2; 5:17; 2 Tesalonicenses 1:10 y 2 Timoteo

---

[9] Maniqueísmo, Religión fundada por Manes quien decía ser el último de los profetas enviados por Dios a la tierra.

1:3-4. El tema central de la oración por los colosenses era pedirle continuamente a Dios que fueran llenos del pleno conocimiento (gr. *epígnosis*), enriquecidos en él en toda palabra y en toda ciencia (1 Corintios 1:5). Le sugiero que lea el pasaje completo de Efesios 1:15-20.

El apóstol Pablo menciona claramente cuál es su deseo para la iglesia, para los fieles: que experimenten que el amor excede todo conocimiento (Efesios 3:14-19; Filipenses 1:9-10), y que conozcan su voluntad (gr. *thelematos*); véase Colosenses 4:12 y Romanos 12:2. Por este motivo, Pablo insiste en que debemos esforzarnos para ser entendidos y hacer de corazón la voluntad de Dios (Efesios 5:17 y 6:6; 1 Pedro 2:15). También nos sitúa en la realidad de un mundo de deseos que pasa (1 Juan 2:17).

Los términos "cesamos", "orar" y "pedir" se encuentran en griego en tiempo presente de la voz media, lo cual indica una acción que continúa. Aquí, la voluntad de Dios se refiere a su voluntad con respecto a su propósito, a su proyecto eterno y no a su voluntad con respecto a cuestiones secundarias. En la eternidad, Dios planeó una voluntad. Esa voluntad estaba escondida en él, y por lo tanto, era un misterio (Efesios 1:9). En su gracia o sabiduría y prudencia nos dio a conocer este misterio escondido por medio de su revelación en Cristo, es decir, por medio de la encarnación, crucifixión, resurrección y ascensión de Cristo. Pablo quería que los colosenses fueran llenos, precisamente, de este conocimiento (gr. *plerothete*).

La palabra griega *plerothete* deriva de *pleróo* que significa 'llenar interiormente', la cual difiere de *plétho* que significa 'llenar exteriormente'. Pablo deseaba que los colosenses fueran llenos interiormente, es decir, en su espíritu humano, del pleno conocimiento de la voluntad de Dios.

Asimismo, Pablo también pedía que los colosenses tuviesen sabiduría e inteligencia espiritual. La sabiduría (gr. *sofía*) que vemos en Colosenses 3:16 y la *Inteligencia espiritual* (gr. *synésis pneumatikei* significa entendimiento espiritual, conocimiento espiritual o discernimiento espiritual) provienen del Espíritu de Dios. Este está en nuestro espíritu, en contraste con la filosofía gnóstica, la cual creía que la *Inteligencia espiritual* estaba en la mente humana entenebrecida.

La sabiduría espiritual está en nuestro espíritu; a través de ella nosotros percibimos la voluntad eterna de Dios. Nuestro espíritu regenerado, donde mora el Espíritu de Dios, es nuestra fuente de sabiduría divina y de revelación para conocer a Dios y su voluntad. Por su parte, la *Inteligencia espiritual* está en nuestra mente (gr. *nous*), la cual ha sido renovada por el Espíritu, y contribuye a que entendamos e interpretemos lo que percibimos en nuestro espíritu.

T. K. Abbott comenta: "*synésis* es la facultad de decidir en casos particulares, en tanto que *sofía* da los principios generales" (The Epistle to the Ephesians and to the Colossians).

Habiendo ahondado en la constitución del hombre, ahora sí podemos entonces ampliar un poco más nuestro estudio de Colosenses 1:9. Dijimos que la sabiduría espiritual está en el espíritu humano; decimos esto por cuanto la Biblia nos dice que el principio de la sabiduría es el temor de Jehová (Proverbios 1:7; 9:10; 15:33). El término *temor* aquí no es pavor a su ira sino hacer su voluntad al recibirle en amor, es decir, hacer su voluntad al ser regenerados.

Cuando somos regenerados, Dios nos da su Espíritu morador en nuestro espíritu humano (2 Timoteo 4:22). El Espíritu avivó nuestro espíritu, el cual estaba moribundo antes de la regeneración (Efesios 2:1), y es de esta manera que llegamos a tener el principio de la sabiduría. Por otra parte, la Biblia también nos dice que la única parte de nuestro ser capaz de hacer la voluntad de Dios es nuestro espíritu humano regenerado.

Nuestro espíritu, específicamente la parte de este llamada intuición, es el que goza de la capacidad para conocer la voluntad de Dios; esta voluntad solo puede ser revelada mediante el Espíritu de Dios (Romanos 8:27). El Espíritu de Dios le revela su voluntad a nuestro espíritu humano, y es de esta manera que llegamos a tener sabiduría espiritual.

Por su parte, la *Inteligencia espiritual* está en la mente del alma (gr. *nous*), y es el aparato traductor o decodificador de la revelación que recibimos en nuestro espíritu mediante el Espíritu de Dios.

Para lograr tener *Inteligencia espiritual*, es necesario poseer primeramente una mente renovada. Nuestra mente es la parte principal de nuestra alma, y mientras es renovada, nuestra voluntad y emoción automáticamente la seguirán para ser renovadas también.

La renovación de la mente es llevada a cabo mediante la obra transformadora del Espíritu de Dios. Este se ha mezclado con nuestro espíritu (1 Corintios 6:17; Romanos 8:6; Efesios 4:23) llegando a ser conformados a la imagen de Cristo y siendo capaces de conocer de esta manera la voluntad de Dios (2 Corintios 3:18; Romanos 12:2).

Por su parte, el cerebro humano también juega un papel importante en este proceso, ya que después de que la voluntad de Dios ha sido descifrada por la mente del alma (gr. *nous*), esta traducción del mensaje pasa a nuestro cerebro para ser expresada mediante acciones corporales concretas. Esto está basado en Efesios 1:8, 17-18; 4:17-24 y en el versículo de Colosenses 1:9.

Los apóstoles y profetas neotestamentarios recibieron la revelación del misterio de Cristo, es decir, todo lo relativo al Cuerpo de Cristo mediante descubrimiento, debido a que los mismos tenían su espíritu ejercitado en la sabiduría e inteligencia espiritual (Efesios 3:4-5).

Sabiduría e inteligencia fue lo que Salomón pidió a Jehová cuando le dijo: "Dame ahora sabiduría y ciencia [conocimiento], para presentarme delante de este pueblo [...]" (2 Crónicas 1:10).

Si queremos experimentar, entonces, la revelación de Colosenses, debemos orar al Señor para que nos de un espíritu de sabiduría e inteligencia espiritual y alejarnos de la carnalidad, porque la carne no es el ambiente de un inteligente espiritual. Pablo dice en 1 Corintios 2:15 que el espiritual juzga (sopesa) todas las cosas. Tiene la capacidad de discernir las cosas espirituales (verdades de la Palabra de Dios) por la obra del Espíritu Santo en él. A medida que el creyente en Cristo va madurando, puede ir perfeccionando su capacidad de discernimiento, mientras crece en el conocimiento de Dios.

Resumen

- La *Inteligencia espiritual* es la facultad que nos da el Espíritu Santo para que nuestra mente espiritual comprenda a Dios y las cosas de Dios.
- Dios mismo es quien da espíritu de sabiduría y de revelación para que podamos entender la supereminente grandeza de su poder.
- La *Inteligencia espiritual* está íntimamente ligada a la sabiduría y al conocimiento de Dios, y esto es un asunto de la mente espiritual, el *nûs*.
- La *Inteligencia espiritual* genera el sentimiento de vivir una vida con sentido, estimula la esperanza y permite la captación de valores.
- La conjunción entre comprensión y aplicación de la Palabra de Dios es, precisamente, la función principal de la *Inteligencia espiritual*.
- Es importante cuidar y mantener viva esta inteligencia. Para ello debemos priorizar y centrarnos en lo espiritual, no en lo material.

- Nuestro espíritu regenerado, donde mora el Espíritu de Dios, es nuestra fuente de sabiduría divina y de revelación para conocer a Dios y su voluntad.

- El Espíritu de Dios le revela su voluntad a nuestro espíritu humano, y es de esta manera que llegamos a tener sabiduría espiritual. El cerebro humano también juega un papel importante en este proceso, ya que después de que la voluntad de Dios ha sido descifrada por la mente del alma (gr. *nous*), esta traducción del mensaje pasa a nuestro cerebro para ser expresada mediante acciones corporales concretas.

Capítulo 3

SOMOS SERES ESPIRITUALES

No somos seres humanos teniendo experiencias espirituales, sino seres espirituales pasando por una experiencia humana.
S. R. Covey

Todo ser es espiritual pero puede no cultivar la espiritualidad. El ser humano está compuesto por Cuerpo, Alma y Espíritu, y no vive solo sino en sociedad. Podemos graficarlo así:

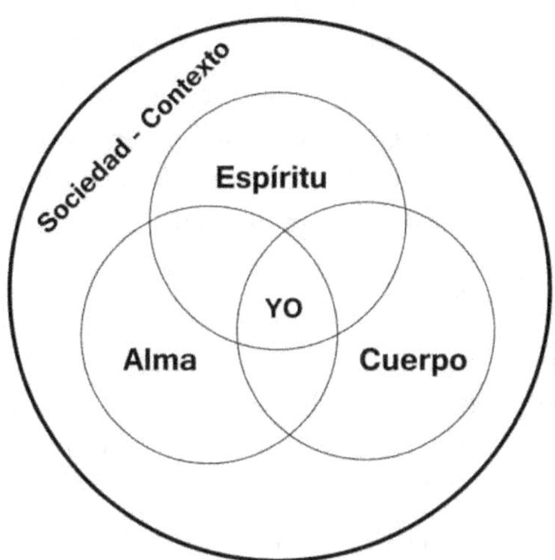

"Y el mismo Dios de paz os santifique por completo; y todo vuestro ser, espíritu, alma y cuerpo [**espíritu:** *pneuma*; **alma:** *psique*; **cuerpo:** *soma*], sea guardado irreprensible para la venida de nuestro Señor Jesucristo" (**1 Tesalonicenses 5:23**).

Somos seres gregarios; las personas tenemos la tendencia a agruparnos para poder sentirnos bien, completos y sanos. Por eso, este versículo en plural me anima a graficar un círculo para reflejar el entorno, el contexto, la sociedad. No quiere decir que no podamos vivir, biológicamente hablando, si estamos solos, pero sociabilizar nos permite disfrutar la vida de otra manera. Sobre todo cuando se ha nacido y vivido en comunidad, al menos un tiempo. En la película *El Náufrago*, Tom Hanks refleja la necesidad de "alguien", aunque sea una pelota disfrazada de persona, con quien compartir la vida. El ser humano necesita de otro que le ayude a nacer, que le enseñe a hablar, caminar, comer.

El apóstol Pablo sabía esto cuando decía que todo nuestro ser se compone de espíritu, alma y cuerpo. Él hablaba en plural. Todos nos comunicamos con los otros siempre desde el cuerpo, desde el alma y desde el espíritu al mismo tiempo. La piel ya no es continente, no logra contener totalmente al ser humano, trasciende en otros, sale de mí para ser.

Cada uno anda, se sienta, trabaja y duerme con su espíritu, alma y cuerpo. Todo lo hacemos en estas tres dimensiones personales. Algunos llaman a los hombres, seres con un cerebro tripartito y lo relacionan con la trinidad divina.

Límites y Diferencias

Definamos entonces qué es el cuerpo, el *soma*. Todo lo que está desde nuestra piel hacia adentro, lo biológico, lo orgánico. El cerebro, pero no la mente. El estómago, pero no el dolor de estómago. Todo lo material.

El alma, o *psiqué* incluye la mente, la voluntad, los sentimientos, el deseo, la inteligencia. El sentido de bienestar o malestar, la motivación, la autoestima. La psique asocia cuerpo y espíritu en una dimensión relacional, incluye un sistema de creencias, la fe.

Ahora el espíritu humano. Algo tan intangible como el alma. Platón, Descartes y otros filósofos hablaban de cuerpo y alma. ¿Es entonces el espíritu la presencia ignorada de Dios, como diría Viktor Frankl? ¿Por siglos el ser humano no lo tuvo en cuenta?

Esta dimensión espiritual es inmaterial y no perceptible habitualmente por los cinco sentidos. En todo tiempo el hombre tuvo un concepto de Dios. La dimensión espiritual nos permite releer la propia vida desde otro lugar, desde el ser espíritu humano. El espíritu como fuerza inmaterial, inteligente, consciente, capaz de amar. El espíritu es el organizador del caos. Es el espíritu el que ordena el cosmos. Tanto en el génesis como en nuestra vida interior, en nuestro propio caos.

Me encanta pensar en el espíritu de las personas cuando pueden reconocerse "insuflados" del Espíritu Divino, *pneumatikós* en griego. ¿A qué te suena *pneumáticos*? Cuando hago esa pregunta en alguna conferencia todos responden cosas como: a un auto, a un neumático. Claro, así es. Un neumático está lleno de aire y para funcionar bien debe estar completamente lleno, pero no explotar, no dañarse. La medida justa del aire estará de acuerdo a sus propiedades particulares, así también el espíritu del ser humano: cuando los neumáticos están correctamente calibrados pueden sostener el peso de todo lo que tienen encima y, aun así, avanzar. El desgaste de lo externo será el correcto de acuerdo al paso del tiempo y al buen uso, al igual que las personas llenas del Espíritu. Una característica fundamental del neumático es la flexibilidad, la estabilidad, el soportar el ascenso y descenso de empinadas lomas. En las personas, la normalidad es sinónimo de esta armonía, esta homeostasis (equilibrio). El espíritu humano lleno del Espíritu Divino puede sobrellevar carga aunque haya pozos o dunas, asfalto o ripio. Quizá el espíritu humano sin esa plenitud espiritual pueda decaer frente a las adversidades, pueda entristecer. El gozo interno que provee el Espíritu Divino es lo que lo sostiene, al igual que un auto que lleva una carga.

Para el buen mantenimiento son necesarias una periódica alineación y un balanceo espiritual: alinearse con el Espíritu Santo interiormente y balancearse con los que nos rodean exteriormente.

A través de los años, ha sido maravilloso conocer y observar el transcurrir de la vida de personas llenas del Espíritu eterno. Estos vínculos dieron como resultado mi crecimiento, admiración y desarrollo en lo espiritual, académico, laboral, etc. Cuando conocí a mis suegros, a mi esposo, a mi cuñados Ricky y Lila con sus hijos. Cuando vi desde el comienzo la pareja de Armando y Mary, mi hermana, y su numerosa familia. Qué diferente es cuando los ejemplos están cerca, son reales. Qué privilegio cuando no necesitas buscar ejemplos en el personaje de una película o el autor de un libro.

La idea del Espíritu Divino como un soplo, aire, vitalidad, viene del Génesis que dice que "Dios creó al hombre y sopló en su nariz aliento de vida y fue entonces un ser viviente" (Génesis 2:7). En el Evangelio de San Juan aparece un personaje llamado Nicodemo, un maestro, que se encuentra con Jesús y le pregunta cómo se puede volver a nacer, empezar todo de nuevo, tener una nueva vida. Cuántos, a veces, quisiéramos hacer "borrón y cuenta nueva" en nuestras vidas. Cuando las experiencias negativas pesan mucho, cuando se transforman en obstáculos en el camino de nuestra anhelada felicidad, cuando la carga es muy difícil de sobrellevar y estamos casi dispuestos a 'patear el tablero' para iniciar una nueva partida. Así se sentiría Nicodemo. Este maestro buscó a Jesús una noche, se reunió a solas. Esperó que Jesús no estuviera, como casi siempre, rodeado de una multitud o de sus discípulos. Esperó el tiempo que fuese necesario para entender la fórmula de una nueva y mejor vida.

Jesús le explicó que esto es posible, pero que no se trata de una reencarnación ni de volver a ser parido por su madre, le dijo que podría renacer únicamente si naciera del Espíritu, que es como el viento que sopla de donde quiere y no puede verse ni tocarse, pero se oye su sonido, se pueden observar sus consecuencias, sin saber de dónde viene y adónde va.

La doctora Raquel Bianchi de la Asociación Argentina de Salud Mental decía que el Espíritu Divino es la luz que ilumina la oscuridad. La imagen que hago de la relación entre el Espíritu Divino y el espíritu humano es algo diferente: Visualizá ahora una habitación a oscuras, si se abre la puerta, la luz entra, invade, llena. Es inevitable; el Espíritu Divino produce el efecto de penetrar, adentrarse en el espíritu humano. Sin embargo, no lo hace con todos ni en todos. Hay un texto en el Apocalipsis que dice: "He aquí, yo estoy a la puerta y llamo; si alguno oye mi voz y abre la puerta, entraré a él, y cenaré con él, y él conmigo". Esta figura nos indica la plenitud; el poder no necesita de la prepotencia. Es necesario que el ser humano conscientemente decida dar lugar a la espiritualidad. La habitación a oscuras simboliza nuestro espíritu humano. Permití que el Espíritu de la divinidad colme tu espíritu.

El espíritu humano puede estar en el inconsciente, dormido. Hay personas que no suelen meditar, leer o reflexionar sobre cuestiones espirituales. Pero al vivenciar una experiencia espiritual, algo se hace consciente. Es como un velo que se descorre, un telón que permite ver la maravilla de una obra de arte diseñada especialmente para esa persona.

Conocí un gran maestro de la fe llamado José Balián que explicaba que todos nacemos con una "llama piloto" (como en un artefacto a gas). Es el Espíritu Divino en nuestro espíritu que nos hace tener la impronta de la divinidad, esa es la imagen y semejanza de un Dios creador. Existe una pequeña flama interior que está siempre dispuesta pero que necesita de una acción humana. Él decía que dependerá de cada uno si quiere vivir únicamente con esa llama piloto que no logra calentar nada. Pero, si una persona acciona conscientemente la llave, permite que el mechero (calentador) se encienda, ese es el fuego del Espíritu Divino en plenitud. Ese es el momento de quemar impurezas, esa es la experiencia espiritual de la totalidad trascendente.

Volviendo al diagrama inicial de este capítulo: la interconexión de nuestro ser es comprobable. Cuando sucede algo en algún área de nuestro ser, todo se ve afectado. Pongamos el ejemplo de alguna dolencia en el cuerpo, la preocupación afectará nuestra mente (psique) y también puede decaer nuestro espíritu. Aun nuestros vínculos más cercanos serán afectados, ya sea por nuestra irritabilidad o por vuestra empatía. Si nos sucediera algo externo, la pérdida de un empleo o un dinero, puede perjudicarnos el sustento y afectar nuestra voluntad de trabajar, puede deprimirnos, puede generarnos ira. Lo cierto es que otras áreas aún las sociales, materiales, familiares, laborales se verán involucradas. En general, un área se afecta directamente y la otra (o las otras) se afectan indirectamente.

¿Cómo relacionarnos con los demás?

Decía que somos seres tripartitos *viviendo en sociedad*. Entendemos que no vivimos solos. Pero no siempre es sencillo vivir con otros. Entonces, ¿qué se debería hacer para tener relaciones saludables? Es decir, comunicarnos eficientemente, compartir adecuadamente, equilibrar entre nuestra vida interior y nuestros contactos. Convengamos que es difícil, quizá hasta muy difícil. Siempre hay algunos consejos que pueden seguirse, pero, en general, son temporales. Esto se debe a que los cambios definitivos son casi siempre grandes, profundos.

Hace unos años compramos una casa nueva, tres veces más grande que el departamento en el que vivíamos. La vimos en los últimos tramos de la construcción y cuando estuvo terminada nos mudamos. Qué placer poder expandirnos con todos nuestros muebles, ropas, libros… todo era hermoso. Pero a los pocos meses vimos una rajadura en una pared medianera en nuestro living. Luego otra y otra. Yo iba colgando cuadritos, fotos, diplomas, todo ubicado para 'disimular'. Las rajaduras eran tan largas que tuvimos que colocar una biblioteca. Entonces empezamos con los arreglos, albañiles, pintores y todo para subsanar el problema. Para nuestra sorpresa antes de los tres meses volvimos a los cuadritos y a la biblioteca. Este proceso siempre fue temporal. Estuvimos más de 5 años alternando entre reparaciones y cuadritos. Hasta que llamamos a un ingeniero quien dijo que ese tipo de rajaduras solo se arreglan con una "submuración". Jamás había escuchado esa palabra. Mi amigo ingeniero dijo que no hay que hacerle refacciones temporales a problemas profundos. Aunque dijo que se corría un mínimo riesgo de derrumbe, no me quedé tranquila. Mi sorpresa y urgencia superaron mi confianza en que la casa era nueva y los riesgos eran lejanos.

Obvia e inmediata pregunta: ¿Qué es "submurar"? Es hacer un muro o pilares debajo de esa medianera. Pero si toda la casa está bien hecha, ¿qué puede haber sucedido? A veces los problemas son grandes, profundos, evidentes, pero no es fácil encontrar respuestas. En estos casos es necesario accionar. Pusimos manos a la obra lo más rápido posible: ingeniero, albañil, especialistas. Se hizo la "submuración" se sostuvo la medianera desde abajo. Pocos días de trabajo hicieron la diferencia. No más riesgos, no más cuadritos.

Disimular los problemas no soluciona los profundos riesgos que se corren de que todo se venga abajo. Tapar con máscaras no sana las hondas heridas. A veces nuestra vida se empieza a derrumbar por algún lado. Internamente o en alguna relación. La buena voluntad de albañiles que te quieran emparchar o la búsqueda de la autoayuda no alcanzan, sigues corriendo riesgos de derrumbe.

Las heridas no deben ocultarse, deben sanarse. A veces, desinfectar o coser una herida duele, pero la tarea evita futuros dolores y gangrenas silenciosas.

El espíritu en un grupo

El espíritu organiza el grupo social. Cuando vamos madurando en nuestra psique elegimos relacionarnos con quienes compartimos ideas, modos, tareas, actividades, habilidades, fe. Esa relación es una organización espiritual. Avanzamos en la cohesión grupal cuanto más nos relacionamos espiritualmente.

Con amistades profundas podemos reír o llorar con confianza. Conocer las acciones, actitudes y hasta frases o palabras del otro porque nos une la espiritualidad. Esto no siempre tiene que ver con los años que hace que nos conocemos o compartimos vivencias, tiene que ver con algo más intenso.

El espíritu es el inicio, el principio que da la vida pero también es el principio fundante del interior personal y de las profundas relaciones interpersonales y grupales. Con el correr del tiempo pude conocer grupos e individuos con quienes nos une "algo" espiritual. Es más que la simpatía o la empatía. Es más que trabajar o estudiar juntos. Supera el compartir temas y vivencias. Es compartir el mismo Espíritu. Es acercarnos desde las diferencias, es consensuar por el bien común.

Pensemos en cómo se forma el sistema de creencias. Tal como capas de una cebolla se construye una sobre otra desde la niñez por las creencias familiares, luego por los pares, más adelante en el tiempo por el contexto y si la persona adulta puede reflexionar, buscará y encontrará su fe por sí mismo. Es probable que acepte lo aprendido pero también que decida hacer un cambio respecto de la fe heredada.

Pero esto sería muy solitario si no se busca a otros para unirse espiritualmente, hasta sería riesgoso en términos sociales o psíquicos. Buscar pares espirituales con quienes compartir implica crecer, descubrir, prosperar en el alma y en el espíritu. Este se convierte en el marco de referencia desde dónde pensar, compartir y vivir la vida cotidiana. Por ello, la creencias van desde lo personal a lo microsocial y hasta lo macrosocial o cultural.

Pareciera que creer solo, es como querer crecer en soledad. La anomia espiritual enferma.

¿Cómo se sanan las heridas?

Llevo cuarenta y tres años ininterrumpidos de servicio en la vida cristiana. Desde hace unos veinte años, cuando alguien, en general un cristiano, manifiesta que quiere sanar sus heridas, empezar una vida espiritual y psicológicamente libre, le explico qué es la sanidad interior o higiene mental-espiritual. Al principio, parecía una "moda" de esas que se instalan temporalmente en los grupos cristianos. Pero esto es necesario para todos en alguno o varios momentos de la vida cristiana. Una sanidad espiritual empieza por tu espíritu humano, por tu mente, por tus emociones, tus sentimientos. Tenés que disponer conscientemente tu voluntad. Será necesario que vayas revisando qué área corre riesgo de derrumbarse. Qué lugar se fisura con más facilidad. ¿Cuáles son tus puntos vulnerables? ¿Cuáles fueron los hechos negativos que se repitieron? Puede ser ¿Separación? ¿Angustia? ¿Pérdidas? ¿Abandono, ¿Desesperanza?

¿Es la ira? ¿Te enojás fácilmente? ¿Son tus reacciones violentas? ¿Te ofendes con frecuencia? ¿Te subleva la autoridad? ¿Te entristece la soledad? ¿Qué te hace llorar? ¿Qué o quién te angustia? ¿Son situaciones o personas? ¿Son cuestiones materiales o inmateriales? ¿Esto sucede ahora o desde hace mucho? ¿Estuviste años, como yo, tapando rajaduras que aparecían cuando todo estaba recién pintado?

Te invito a hacer un ejercicio. Toma un tiempo a solas y relee estas preguntas y escribí una lista de lo que quieras sanar, de lo que quieras reparar, de lo que te perturba. Identifica lo que te hace perder la paz, la fe, la alegría.

Esto es un ejercicio inteligente para quien quiera descubrir angustiantes o traumáticas fisuras en su interior que seguramente se ven en el exterior y en las relaciones.

No te pongas máscaras ni lindos cuadritos para disimular, buscá al especialista para "submurar" tu vida. Nadie nace con grados de *Inteligencia espiritual*. No puede medirse en coeficientes. La *Inteligencia espiritual* es buscar al Espíritu Divino. Es abrir la mente y permitir que lo sobrenatural sea parte de nuestras experiencias naturales.

La mente espiritual

Los que son de un equipo de fútbol saben sus colores, quién es el director técnico, los jugadores; quienes son apasionados por su equipo conocen los modelos de camiseta, los jugadores suplentes, los equipos del pasado, los campeonatos jugados, el lugar en la tabla de posiciones y muchos más detalles. Así sucede con los que piensan en las cosas del Espíritu, tienen una mente espiritual. Piensan en la belleza, en la justicia en la bondad, en la verdad, en la pureza, en lo bueno, como los íconos que guían su vida moral y los preceptos en los que basan su ética.

Al igual que con el cerebro, hay que ejercitarlo. También el ejercicio de estos preceptos nos conduce por el camino al encuentro con el dador de la belleza, el bien, la verdad: Dios.

Algunos hablan de que la existencia del bien implica la existencia del mal. Algo así como que si no existiera la oscuridad, no sería imprescindible la luz. Piensan que siempre hay que tener un enemigo para echarle la culpa de los errores y de todos los males de la humanidad.

Ésta no es la ética bíblica. Ya nos referiremos a estos temas en los próximos capítulos.

Resumen

- El ser humano está compuesto por Cuerpo, Alma y Espíritu, y no vive solo sino en sociedad (somos seres tripartitos).
- Es necesario que el ser humano conscientemente decida dar lugar a la espiritualidad.
- El espíritu es el inicio, el principio que da la vida pero también es el principio fundante del interior personal y de las profundas relaciones interpersonales y grupales.
- La *Inteligencia espiritual* es buscar al Espíritu Divino.

Capítulo 4

EVIDENCIAS DE LA EXISTENCIA DE UNA INTELIGENCIA ESPIRITUAL

Dios está a la vez más distante y más cercano a nosotros que ningún otro ser.
C.S. Lewis

Dios está siempre a una oración de distancia.
Graciela Cherñetz

Estamos programados para creer

La actriz Brigitte Bardot, quien en 1973 puso fin a su carrera para dedicarse a la defensa de los animales, decía: "Cuanto más conozco a los hombres, más amo a mi perro" entre otras frases famosas que reflejaban su manera de pensar. Esta expresión se utiliza cuando alguien se siente decepcionado del comportamiento humano. ¿Sabías que la misma proviene de un filósofo griego de la antigüedad llamado Diógenes de Sinope, también conocido como Diógenes el Cínico? Diógenes pertenecía a la escuela cínica, llamada así debido a su frugal modo de vivir. Él decía: "Cuanto más conozco a la gente, más quiero a mi perro".

En su crítica a los males de la sociedad, los individuos que integraban esa escuela filosófica aspiraban a identificarse con la figura del perro por la sencillez y desfachatez de la vida canina tomando como modelo la naturaleza y los animales.

Ciertamente, una característica del perro es su fidelidad. Valor muy importante para la convivencia. ¿Podríamos afirmar, entonces, que el perro tiene una inteligencia espiritual que lo hace fiel?

Sucede que la fidelidad perruna responde a su instinto, el cual no es voluntario. Es decir, está en la naturaleza del can la característica de ser fiel. En cambio, el ser humano tiene *libre albedrío*; contrapone al instinto el deseo que es la voluntad tanto para ser fiel como para no serlo. Es decir, un acto de libertad. Y la libertad es prerrequisito de la *inteligencia espiritual*. Y no digo esto de la inteligencia lógico matemática, pues hoy hay máquinas que con inteligencia artificial resuelven problemas más eficientemente que el ser humano.

¿Y las emociones? Los perros tienen, sin duda, la habilidad para reconocer los sentimientos. Tenemos el famoso ejemplo del profesor Konrad Lorenz, creador de la etología moderna, y su perra llamada Stasi.

Cuando había visita en la casa, Stasi se echaba en el rincón de la sala sin moverse, y sólo parecía animarse cuando el visitante se marchaba, porque esto significaba que a continuación podría salir a pasear fuera de la casa. El etólogo se dio cuenta de que la perra siempre se dirigía a la puerta unos minutos antes de que la visita se levantara con intención de despedirse. ¿Cómo sabía Stasi que el visitante iba a marcharse? Para comprobar si ella reconocía las palabras, cierto día pidió a un amigo que simulara saludar para marcharse; incluso se levantó y se dirigió hacia la puerta, pero la perra no se levantó de su rincón en esa ocasión. Aparentemente, no son las palabras, sino el lenguaje de la intención lo que los animales leen con tanta claridad.

Desde el punto de vista de las inteligencias múltiples, está claro que muchos animales poseen inteligencia corporal o naturista, emocional; sin embargo, lo espiritual es lo libre en el ser humano, aquello que escapa a lo biológico. La diferencia radica en que el ser humano no es esclavo de sus instintos; él puede ser libre de la tentación de sus propios instintos. No está *prediseñado* como dice la poesía del tango[10]:

> *Si soy así,*
> *¿Qué voy a hacer?*
> *Nací buen mozo*
> *Y embalao para querer.*
> *Si soy así,*
> *¿Qué voy a hacer?*
> *Con las mujeres,*
> *No me puedo contener.*

Habiendo llegado a este punto, resulta importante aclarar que espiritualidad no es lo mismo que religiosidad, de la misma manera que la religión no se restringe a las instituciones religiosas. Las religiones del mundo son formas de expresar, mediante instrumentos –rituales, comportamientos y doctrinas– la espiritualidad. Todas tienen a la espiritualidad en común. Pero las expresiones varían según las culturas.

La espiritualidad pertenece a lo humano y no es monopolio de las religiones. La *inteligencia espiritual* nos permite ver la unidad de fondo de todas ellas, más allá de sus distinciones.

El reconocimiento con características científicas de este tipo de inteligencia deriva de investigaciones muy recientes: a partir de 1990, llevadas a cabo por neurologistas, neuropsicólogos, neurolingüistas y técnicos en magnetoencefalografía –que estudian los campos magnéticos y eléctricos del cerebro–, seguramente, movidos por la dimensión espiritual y religiosa que en estos últimos años se ha reforzado visiblemente.

---

[10] Si soy así. Música: Francisco Lomuto. Letra: Antonio Botta.

Se ha intentado reprimir esta necesidad espiritual desde la época del Iluminismo, pero la evidencia de su existencia es lo que Freud denominaría: "el retorno de lo reprimido".

Estos investigadores han comenzado a notar que este concepto espiritual tiene una base biológica en todo ser humano, y que su presencia representa una ventaja en el desarrollo del hombre. Nos recuerdan que el 30% de la inteligencia es heredada (*natura*) y que el resto se adquiere a partir del contexto: educación, cultura (*nurtura*).

El desarrollo de la *Inteligencia espiritual* representa un beneficio tanto para el individuo como para la comunidad toda. En especial, porque nos capacita para actuar éticamente en las situaciones que se nos presentan.

"La *Inteligencia espiritual* es aquella con la que manejamos y sostenemos los problemas relacionados con el significado de la vida y los valores que dan contexto a nuestra conducta, ayudándonos a optar por el buen camino en términos éticos", definió Gardner.

Permíteme brindar una prueba de ello: alguna vez, habrás oído hablar de la psicopatía. Se trata de un trastorno antisocial de la personalidad por el cual el individuo manifiesta una gran frialdad emocional, nula capacidad de empatía y carencia de un sistema de valores. Solamente busca lograr su satisfacción. Posee una gran capacidad de manipulación que utiliza para lograr sus fines y le satisface la sensación de control y poder sobre los demás. Justamente por ello, hay más psicopatía entre los jefes, políticos y líderes, que en el resto de la población.

Parafraseando a Joan Manuel Serrat, se trata de "esos locos con carné". La psicopatía, entonces, sería una enfermedad asociada al trastorno antisocial de la personalidad o sociopatía, o sería un tipo de personalidad particular, una forma de ser que termina por expresar un comportamiento desviado en el marco de la sociedad.

Ahora bien, recordarás que te había comentado que la empatía es una característica central de la inteligencia emocional y una herramienta básica para el desarrollo de la *Inteligencia espiritual*.

La empatía es diferente de la mera simpatía. La primera implica sentir *como si uno estuviera en el lugar del otro*, mientras que simpatía es *sentir en consonancia con el otro*. La apatía, por el contrario, es *la ausencia de resonancia afectiva con el otro*. Para que la empatía sea posible es necesario que ambas personas se consideren iguales en su valor de persona. Entonces, el otro siente que ha sido *comprendido* por su semejante.

La empatía es, por definición, espontánea; no puedes insuflársela al que tienes a tu lado. Es muy interesante que la persona empática no necesita de muchas palabras para comprender al otro. En informática diríamos que se establece entre ellos un lenguaje *analógico* más que *digital*[11]. Va más allá de la lógica para entender desde el afecto.

Cuando era niño, en una travesura, un compañero de juegos me enlazó cuando pasaba montado en mi bicicleta y, si no me hubiera arrojado de ella, podría haber sido ahorcado. Mi reacción fue tomar la bicicleta e irme para mi casa a fin de curarme la marca que me había dejado la soga. Mi prima, que había sido testigo de la agresión, me siguió corriendo hasta mi casa y me encontró sentado en la puerta, pues no había nadie en mi hogar. Por mis mejillas comenzaron a rodar lágrimas. Entonces, ella se sentó a mi lado sin decir una palabra y comenzó a llorar también. Eso es empatía.

El individuo no empático, en cambio, necesita de todas las explicaciones de la otra persona porque debe "entender intelectualmente" las manifestaciones afectivas del otro. Y,

---

[11] Concepto desarrollado también por Paul Watzlawick como uno de los cinco axiomas de la comunicación.

guiado por su razonamiento, aún puede llegar a imitar los gestos que ve en el otro, pero sin comprenderlo, y por lo tanto, confundirlo.

El psicópata puede ser simpático, pero no empático. La persona empática puede causarle sufrimientos al semejante intencionalmente. Pero ¿sabes cuál es la diferencia con el psicópata? Que el empático, cuando comete una fechoría, siente, al menos en parte, lo que el otro está sintiendo y eso lo lleva a sentirse culpable pues sabe que lo que hizo no es correcto. Esa culpa lo hace angustiarse o somatizar (con lo cual también se daña a sí mismo), mientras que al psicópata su conciencia afectiva no le reclama nada, como si la tuviese anestesiada y tampoco puede medir la intensidad de las consecuencias negativas de sus acciones en el otro.

Por este motivo, hay personas que, al no darse cuenta que están frente a este tipo de personajes piensan con cierta ingenuidad: "ya vas a ver, no va a poder dormir a causa del daño que hizo" y se asombran cuando descubren que finalmente "duermen como angelitos".

Generalmente, los psicópatas son notablemente inteligentes, si pensamos en su CI. Pero, como vimos, experimentan dificultades en su *inteligencia emocional* y, fundamentalmente, en la *espiritual*. ¿No será hora de –parafraseando a Vicente Del Bosque– desear para nosotros y los que nos rodean, más que poseer una gran *inteligencia racional*, cultivar una buena dosis de *inteligencia espiritual*?

Otra evidencia de la existencia de la *Inteligencia espiritual* es el "dar". Mientras cursaba el seminario teológico, a mis 18 años, mi suegra, Lidia Manoukian, me invitó a tomar el té. También había invitado a su cuñada Marta Sarli. Tenían la sana costumbre de agradecer a Dios por los alimentos. Marta hizo una oración sencilla para dar gracias por lo que íbamos a comer y dijo algo así como: "Jesús, que podamos servir a otros como vos lo harías… que podamos verte en los que necesitan".

¡Guau! ¿Y era yo la que estudiaba en el seminario? ¿Dónde obtuvo Marta esa sencilla sabiduría espiritual? Me deslumbró. Yo estudiaba griego y hebreo, pero ella sabía dónde situarse frente a los demás. Esto es *Inteligencia espiritual*.

También es una clara evidencia de tener *Inteligencia espiritual* poseer la capacidad de "perdonar".

Según J. Menegatti[12], hay cinco manifestaciones de la *Inteligencia espiritual*:

- -Fe
- -Esperanza
- -Perdón
- -Capacidad de arrepentimiento diferente a la culpa
- -Humildad

Otra evidencia es sentir curiosidad por querer conocer más acerca de la *Inteligencia espiritual*. Esto les suele suceder a quienes ya tienen cierto conocimiento. Es que la fuente es inagotable. Recuerdo cuánto me gustaba leer y releer el libro *Los siete hábitos de la gente altamente eficiente* de Stephen R. Covey. Cuando desarrolla uno de los hábitos, el autor habla del "ganar-ganar" y explica el concepto de miseria que implica pensar que "sólo yo gano si tu pierdes". Todos pueden ganar, ese es un concepto de abundancia. De la misma manera, sería un pensamiento finito y egoísta creer que la *Inteligencia espiritual* es limitada o que sólo algunos iluminados tocados por la varita mágica divina pueden poseerla. Esto hablaría de una divinidad limitada, sectaria, que ofrece sus maravillas sólo a algunos privilegiados.

Este es el pensamiento de las sectas: "Dios es bueno sólo con nosotros", "Él nos elige porque hacemos tal o cual cosa". Pensar de esta manera es desconocer la gracia de un Dios de

---

[12] Referencia: WorldWideWeb articles 2007,2008,2009.

amor. Hay una palabra que desde hace unos años es mi preferida: *ofrecer*. Ofrecer no es dar ni menos imponer. No es prometer ni convidar. Me imagino una vidriera donde se muestra algo, y sólo se expone para que sea visto. Desde mi profesión no impongo, no vendo, no doy, ofrezco. Si el paciente lo ve, se da cuenta, puede tomarlo. Yo sólo lo ofrezco. Tengo una caramelera en mi consultorio. Es una caja de plata y siempre está cerrada. Sólo en mi primer encuentro con el paciente le ofrezco un caramelo. Luego, los pacientes ya conocen el lugar; buscan y siempre hay, pueden tomar con libertad. Así creo que es Dios. Él ofrece, cada uno puede tomar lo que necesite cuando lo necesite.

Mi amiga, Graciela Cherñetz, enseñaba que Dios está a sólo una oración de distancia. Más cerca que mi caramelera de plata.

El Espíritu es inefable, no puede describirse con palabras, debe explicarse por lo que no es para llegar a una idea que pueda compartirse. El Espíritu es invisible, no puede verse, pero puede sentirse. Cuenta la antigua historia que el profeta Elías estuvo en una cueva toda la noche deprimido por su nefasta situación. Empezó a buscar a Dios en un poderoso viento que rompía los montes, luego en un terremoto y más tarde en un fuego. Pero Dios apareció en un silbo apacible y delicado. Elías necesitaba encontrar a Dios en la calma por su personalidad melancólica.

Será entonces necesario entender que a Dios puedes encontrarlo de muchas maneras. Él se ofrece. Cada uno podrá hallarlo de acuerdo con su situación y su personalidad. El profeta Moisés oyó a Dios en un arbusto en llamas. El apóstol Pablo oyó a Dios en un camino andando a caballo. La historia cuenta que estos eran hombres con personalidades sanguíneas que necesitan actividad y experiencias fuertes.

Según el temperamento, la personalidad, el modo de vivir, así se te presenta la divinidad. No todos pueden estar horas meditando, no todos logran el silencio interno. Tu espiritualidad tiene tu forma.

Evidencia personal

Siempre es recomendable estar en silencio y a solas encontrarse con uno mismo para conocerse más interiormente, meditar, pensar. Esto es recetado por los maestros espirituales. En los próximos capítulos se exponen métodos, ítems de cómo alcanzar la *Inteligencia espiritual*.

Sin embargo, quiero reiterar que la personalidad de cada uno influye en su "modo" espiritual. He escuchado cantar el siguiente poema de Danilo Montero y observo que hay personas que lo susurran, otras que lo vociferan, algunas lloran con solo escuchar la música. Léelo detenidamente para comprender tu propia experiencia:

> *Hay momentos que no deberían terminar,*
> *hay segundos que tendrían que ser eternidad,*
> *cuando tu Espíritu, Señor, se toca con el mío*
> *y mi corazón estalla en adoración.*
> *Te amo, mi Señor, se acaban las palabras,*
> *sólo me queda mi alma para cantarte.*
> *Te adoro, mi Señor, no hay nada alrededor,*
> *sólo estamos tú y yo. Sólo estamos tú y yo.*

La soledad, la quietud, la música, la oración, la conexión. Toda sensación y sentimiento cobran otra dimensión. Una dimensión espiritual. La tranquilidad que proporciona la certeza de saber en quién confiar. La paz interna, la fe en acción. No es una emoción vacía y temporal, es una experiencia conocida, un lugar de refugio del espíritu donde se puede volver siempre. Es la felicidad de estar en el camino correcto, integrado a algo más grande. No es nuestro yo, es nuestro espíritu humano, es la felicidad de nuestro ser interior. Se siente placentero, pero no es placer, porque el placer depende de estímulos externos. La felicidad espiritual emerge de lo más profundo del ser, es un "gozo inefable"[13].

Evidencia cercana[14]

En el año 2007, hice una investigación para descubrir, entre otras hipótesis, qué características tenían las personas que mejor ayudaron a algún adicto a recuperarse. La investigación fue hecha en Buenos Aires, Argentina, con ciento cincuenta adictos a drogas o alcohol recuperados en diferentes barrios, en grupos o granjas donde los programas se manejaban con una base de fe cristiana.

Al comparar los resultados, fue sorprendente ver las estadísticas que reflejaban que estos grupos con tratamientos en base a la fe tenían mejor porcentaje de recuperación que los de dependencias hospitalarias o grupos sin base de fe de esa ciudad. Un dato significativo fue la persona a quien debían "rendir cuentas" de sus caídas o recaídas en la droga. Al ser llevados a un plano espiritual, la conciencia de trascendencia y la fe en un Ser Superior a quien todos debían rendir cuentas, tanto adictos como coordinadores y líderes, los puso en un mismo plano de conducta.

Una de las preguntas realizadas en las encuestas era: ¿Quién fue la persona que mejor te ayudó? La respuesta de los entrevistados en sólo el 2% mencionaba a un profesional. En cambio, eran personas comunes, algunos eran ex adictos, pocos eran familiares, pero la mayoría eran ayudadores o colaboradores empáticos.

---

[13] 1 Pedro 1:8. Gozo inefable: excelente o sutil que no se puede explicar o describir con palabras.

[14] Puede leerse la investigación completa en: www.institutoinea.com.ar/publicaciones. Ana G. Kelleyian Manoukian.

Otra repuesta asombrosa: lo que más les ayudó a recuperarse fue el contacto con la vida propia de esos ayudadores. Personas que trabajaban, que mostraron sus familias, su manera de vivir, sus hogares. No dieron nada especial, no sabían nada especial. Fueron, nada más ni nada menos, seres humanos con congruencia entre lo que creían, lo que hacían,

lo que decían y lo que pensaban. Se brindaron como personas de fe, se mostraron tal cual eran, sin títulos ni fingimientos.

Evidencia fisiológica

El impacto de la rutina, del trajín de la vida diaria, o el hecho de trabajar en las grandes ciudades producen distrés, que en general llamamos estrés. Es necesario entender que la *Inteligencia espiritual* tiene como correlato un beneficio sobre el cuerpo. Ya mencionamos la unidad e integridad del ser humano, por lo tanto, la salud espiritual tendrá su señal en la salud integral.

Las emociones positivas tales como esperanza, perdón, amor, satisfacción actúan en circuitos neuronales dando evidencias de bienestar. La especialidad conocida como la psiconeuroinmunoendocrinología (PNIE), muy nueva en el mundo médico y psicológico, justamente, trata al paciente de manera integral y hace énfasis en que las emociones negativas producidas por múltiples factores internos y/o externos generan una angustia difícil de rastrear, un miedo con origen difuso, un aumento en la presión arterial y en la secreción hormonal.

Al estudiar el conjunto de estas ciencias, puede comprenderse que las emociones producen distrés (estrés malo) o eutrés (estrés óptimo), pero también es el cuerpo el que produce estas emociones. Es decir, la psique afecta el soma, pero también las enfermedades producen cambios de carácter, de humor, de lentitud o de aceleración. En general, se le atribuyen a efectos colaterales de algún medicamento o problema externo los síntomas de irritabilidad, constipación, decaimiento, depresión, desatención, etc., pero necesitamos saber que muchas veces es el cuerpo el que se "desarregla" y no la mente. No se debería llamar afección psicosomática sino afección somatopsíquica.

Conocer nuestro propio cuerpo es una tarea de toda la vida. Encontrar la armonía y el equilibrio es un trabajo personal y permanente. Para ello, a veces debo meditar en silencio, a veces debo salir a divertirme con amigos.

Eclesiastés dice que hay tiempos de reír y tiempos de llorar, hay tiempos de lamentarse y tiempos de bailar. El equilibrio, la variedad, la armonía, la homeostasis es necesaria en cuerpo, alma, espíritu y todo lo demás.

Nuestras herramientas son muchas. La sugerencia más conocida popularmente es que si estás deprimido, salgas a divertirte. Puedes buscar algo placentero para hacer, pero no te replantes toda tu vida cuando estás mal. No quieras planear el futuro a largo plazo, tómate tu tiempo. Los problemas profundos no se solucionan rápidamente, acuérdate de la "submuración". Trata de no tomar decisiones importantes en los momentos en los que estés deprimido. Procura no hablar con gente "difícil" o de temas escabrosos el día de la depresión, en especial, si eres mujer y estás en tus días de Síndrome Pre Menstrual[15].

Hay otras herramientas muy útiles como la meditación y la oración que reducen los niveles de norepirefrina y cortisol. Esta es una receta fabulosa no sólo para el estrés diario sino también para problemas graves asociados a la salud mental. Favorece el bienestar, el ánimo, la atención, la concentración y la tolerancia a la generación interna de dudas, estrés y angustia.

---

[15] SPM: existe un programa gratuito para tu celular que te avisa cuando estarás más triste o sensible.

Resumen

- El ser humano no es esclavo de sus instintos; él puede ser libre de la tentación de sus propios instintos.

- La espiritualidad pertenece a lo humano y no es monopolio de las religiones. La *inteligencia espiritual* nos permite ver la unidad de fondo de todas ellas, más allá de sus distinciones.

- Las religiones del mundo son formas de expresar, mediante algunos instrumentos –rituales, comportamientos y doctrinas– la espiritualidad.

- El 30% de la inteligencia es heredada (*natura*) y el resto se adquie re a partir del contexto: educación, cultura (*nurtura*).

- La empatía es una característica central de la inteligencia emocional y una herramienta básica para el desarrollo de la *Inteligencia espiritual*.

- Una evidencia de la existencia de la *Inteligencia espiritual* es el "dar".

- Otra clara evidencia de tener *Inteligencia espiritual* es poseer la capacidad de "perdonar".

- Las cinco manifestaciones de la *Inteligencia espiritual* según J. Menegatti son:

-Fe

-Esperanza

-Perdón

-Capacidad de arrepentimiento diferente a la culpa: umildad

- También es una evidencia sentir curiosidad por querer conocer más acerca de la *Inteligencia espiritual*.

- La personalidad de cada uno influye en su "modo" espiritual.

- Debido a la unidad e integridad del ser humano, la salud espiritual tendrá su señal en la salud integral.

Capítulo 5

QUÉ ES LA INTELIGENCIA ESPIRITUAL Y QUÉ NO LO ES

Somos seres humanos por el espíritu que está en nosotros,
luego por el lenguaje, por la memoria [...]
N. Román

El filósofo Francesc Torralba dice que "lo espiritual es lo libre en el ser humano, lo que escapa a lo biológico". Lo espiritual es lo que nos hace verdaderamente humanos, seres de deseo y no predeterminados por nuestros instintos. El hombre y la mujer son los únicos capaces de preguntar, reflexionar, meditar, comprender todos los procesos a los que están sujetos.

Las personas que más han influido en el devenir de la historia de la humanidad han sido precisamente vidas espiritualmente inteligentes que intentaron realizar una contribución sustantiva para transformar el mundo a fin de que fuese un lugar digno de ser vivido por todas las criaturas.

Ante la falta de *Inteligencia espiritual*, prolifera la desconfianza, la crítica, la disputa, la queja, la comparación y la competencia exacerbada. Su desarrollo hace que el dar sea más trascendente que el recibir. Alienta en nosotros el servicio y el espíritu cooperativo, a fin de que en este mundo haya *shalom* que no es la mera ausencia de guerra sino que se trata de una paz completa, es decir, cuando uno tiene salud, provisión y estamos libres de cualquier temor, sentimos paz. Y es que la raíz de esta palabra es *shalam* que significa "estar completo, restituir" y si estamos completos significa que tenemos todo lo que necesitamos para esta vida.

Según la filósofa francesa Simone Weil, las necesidades de orden espiritual son: la necesidad de sentido, la de reconciliación con uno mismo y con la vida, la de reconocimiento de la propia identidad como persona, la de orden, la de verdad, la de libertad, la de arraigo, la de oración, la simbólico-ritual y la de soledad y silencio.

Para Torralba, la *Inteligencia espiritual* procura responder a las pre guntas siguientes: ¿Quién soy yo? ¿Qué será de mí? ¿De dónde vengo? ¿Cuál es el sentido de la vida? ¿Para qué todo? ¿Por qué todo? ¿Existe Dios?

Asimismo, enuncia lo que ha dado en llamar "los poderes de la Inteligencia espiritual". Estos son:

1. La búsqueda del sentido.
2. El preguntar último.
3. La capacidad de distanciamiento (tomar distancia de la realidad circundante).
4. La autotrascendencia (aspiramos a realizar algo que todavía no somos pero que creemos que podemos llegar a ser).
5. El asombro, la admiración.
6. El autoconocimiento.
7. La capacidad de valorar.
8. El gozo estético.
9. El sentido del misterio.
10. La búsqueda de una sabiduría.
11. El sentido de pertenencia al todo.
12. La superación de la dualidad (experiencia mística).
13. El poder de lo simbólico.
14. -La llamada interior, la vocación que es la fuente del entusiasmo, motor del comportamiento. Mientras que hoy se lo entiende como aquello que mueve a realizar una acción, favorecer una causa o desarrollar un

proyecto. Para los griegos, entusiasmo significaba "tener un Dios dentro de sí". La persona entusiasmada, por lo tanto, era aquella guiada por la fuerza y la sabiduría de un dios, capaz de hacer que ocurrieran cosas.

15. La elaboración de ideales de vida.
16. La capacidad de religación ("todo hombre que piense que la vida es una cosa seria, es un hombre infinitamente religioso", Ortega y Gasset).
17. La ironía y el humor. Digno de la persona sana mentalmente que puede simbolizar.

Varios autores nos sugieren algunos *tips* para desarrollar la Inteligencia espiritual:

- Disfrutar de la soledad que promueve el silencio.
- Practicar la contemplación, la meditación, la gratitud. Filosofar a fin de alcanzar una comprensión más profunda de las cosas y de las palabras desde el sentido de pertenencia al todo, a la naturaleza, al cosmos.
- El goce de lo espiritual en el arte, en cualquier disciplina, en especial lo musical; yo agregaría el arte de compartir.
- La práctica del diálogo socrático, un ejercicio que hace 'parir' las ideas, hablando con profundidad con los demás.
- Disfrutar del ejercicio físico y también del ocio, del no hacer nada (el *dolce far niente*), del buen humor, de la esperanza, de la templanza.
- Vivir la experiencia de la fragilidad humana, la finitud.
- El ejercicio de la solidaridad, la cooperación, el altruismo, la fe, la libertad y el crecimiento interior reconociendo conscientemente lo intuitivo.

Si desplegamos esta *Inteligencia espiritual*, podremos disfrutar de beneficios como la creatividad, la capacidad de analizar lo que ocurre en nuestra vida y en la de los demás, la profundidad en la percepción y en la observación, la consciencia crítica y autocrítica, el mejoramiento en la calidad de las relaciones, poder descubrir los recursos y las limitaciones más íntimas, captar el sentido que nos proporcionan esos recursos y esos límites, el conocimiento de las posibilidades, la autodeterminación, la autoconciencia, el diálogo interno e individual, desarrollar la transpa rencia y receptividad, el equilibrio interior, entender la vida como un proyecto, expandir la capacidad de sacrificio, vivir plenamente el ahora o presente, una conexión íntima con la divinidad.

Finalmente, se nos advierte que la *Inteligencia espiritual* se puede atrofiar si no la cultivamos apropiadamente, mengua que se muestra en facetas tan perniciosas como lo son los fundamentalismos, la violencia, la fascinación del mal y de la muerte, el sectarismo, el fanatismo, el servilismo, el dogmatismo, la banalidad, el consumismo, el vacío existencial, el aburrimiento, el autoengaño, la complacencia en lo vulgar, la intolerancia, el narcisismo, la parálisis vital o anemia de sentido.

La educación de nuestra *Inteligencia espiritual* nos hace más libres, nos permite conocernos mejor a fin de identificar, bucear y escoger valores propios y entender los de los demás, para expresar nuestra creatividad, cooperar comunitariamente, en fin, para ser más felices, nada menos.

El cuidado de la espiritualidad y el cultivo de la *Inteligencia espiritual* son decisivos si se quiere acceder a una vida plena. Cuando esta dimensión se olvida, se produce una amputación grave del ser humano, con consecuencias sumamente empobrecedoras para la vida de las personas, que son condenadas a una sensación de vacío y nihilismo.

Algunos ejemplos de lo que no es Inteligencia espiritual

Comprendiendo que el espíritu es inefable, imposible de describir con palabras, debe explicarse por lo que no es.

En una época, ser espiritual era alistarse en una cruzada contra los 'infieles' para recuperar los lugares considerados santos, o levantar pirámides o catedrales lujosas mientras el pueblo sufría hambre y era oprimido mediante regímenes de esclavitud u otro tipo de opresión.

No es ser inteligente espiritualmente cuando se dedican esfuerzos por mantener la pureza de una doctrina mediante la censura, la persecución de los herejes o la inquisición, ni se mide por el grado de intransigencia o rigidez. Famoso es el caso de los fariseos del tiempo de Jesús, por lo cual el Maestro mantenía frecuentes disputas con ellos.

Tampoco lo es seguir únicamente una moral puritana sometiéndose con rigidez a una disciplina donde se sigue un estricto catálogo de cosas prohibidas y otro de permitidas.

No es una medida de la espiritualidad el mero tiempo en que dedicamos a la meditación u oración o a la lectura de textos considerados sagrados.

Y qué decir de las llamadas 'experiencias religiosas': Cuando éstas se dan en el contexto de una personalidad bien estructurada, armónica, con salud mental tiene una entidad distinta de los casos patológicos, donde son un síntoma más de enfermedad. Así, recuerdo cuando un psiquiatra amigo creyente, me contaba que en el manicomio donde trabajaba, cotidianamente escuchaba el relato de pacientes que habían hablado con Dios o a quiénes la divinidad se les había aparecido. Es difícil para muchos profesionales poder discernir qué es cierto y qué es producto de la imaginación/enfermedad.

Otro concepto erróneo es el que entiende a un elevado grado de espiritualidad como el grado de compromiso con una determinada institución religiosa o el 'activismo' dentro de ella. La espiritualidad tiene que ver con lo cotidiano. No se accede a la espiritualidad por las acciones benéficas o conductas probas, sino que el camino es inverso: la *Inteligencia espiritual* provoca una vida de acciones de bien en todas las áreas como fruto natural de la espiritualidad.

El problema es que, si bien la religión puede constituirse en un medio valioso que facilita la conexión con la dimensión espiritual, cuando se absolutiza, pasa de ser un medio a atribuirse la cualidad de fin último, haciendo que todo gire en torno a ella. Allí es cuando se hacen presentes el dogmatismo y la exclusión, y el creyente proyecta en la religión la seguridad que anhela para sí.

No siempre la expresividad externa de la espiritualidad se corresponde con su intensidad interna. La verdadera espiritualidad es aquella que se expresa en la capacidad de amar y de llevar a cabo buenas obras.

Es la que se manifiesta en todos los aspectos de la vida y no en solo una parte, o fragmentariamente.

Entre las expresiones de espiritualidad patológica se encuentra la incapacidad para el pluralismo, para la tolerancia, para la aceptación, al no respetar la diversidad. Se refiere a quienes no pueden tratar a personas que piensan o tienen un modo de vida distinto del de él o ella. De hecho, ¡el mundo es plural!

El misticismo morboso no es más que la represión del instinto sexual y la sublimación imposible de éste, provocando manifestaciones patológicas de carácter histérico. Mujeres que se manifiestan en los grupos religiosos como seguidoras de un líder, enamoradas del poder que conlleva quien está en el púlpito, o tiene un "cargo".

La espiritualidad entendida como un instrumento de dominación, una forma de ejercer el poder. Precisamente, las instituciones religiosas son un sitio donde se puede dar esta perversión psicopática que procura manipular a los demás, someterlos al deseo propio.

Finalmente, habrás escuchado muchísimas veces la cita de Karl Marx: "*La religión es el opio del pueblo*". Esta expresión aparece en su *Contribución a la Crítica de la Filosofía del Derecho de Hegel* (1844), donde leemos: "La inquietud religiosa es al mismo tiempo la expresión del sufrimiento real y una protesta contra el sufrimiento real. La religión es la queja de la criatura oprimida, el sentimiento de un mundo sin corazón y el espíritu de un estado de cosas desalmado. Es el opio del pueblo. Se necesita la abolición de la religión entendida como felicidad ilusoria del pueblo para que pueda darse su felicidad real".

Dado que, como hemos explicado con anterioridad, la espiritualidad es previa a cualquier religión, de modo que las diferentes confesiones religiosas no serán sino 'modulaciones' o formas (mentales) específicas, podríamos parafrasear a Marx diciendo que cuando la espiritualidad es "el opio de los pueblos" deja de serlo y se transforma en mero "espiritualismo religioso".

Al respecto, hoy podemos reconocer un gran número de personas comprometidas con el cambio social y que al mismo tiempo tienen clara conciencia de la necesidad de que éste se encuentre anclado en un profundo cambio personal, de índole espiritual.

Podríamos comparar a la espiritualidad con el agua que necesitamos si queremos vivir y crecer; mientras que la religión sería el vaso que contiene esa agua. El agua no necesita de un vaso para ser buena.

¿Puede medirse el Coeficiente Espiritual?

Mi joven amigo adventista Rodrigo Arias está en la búsqueda de poder medir el Coeficiente de Inteligencia Espiritual (IQEs) en la República Argentina. Colaborando con él, fuimos a la búsqueda de cientos de voluntarios para que respondieran a una primera encuesta que incluía más de cien preguntas. Lo interesante es que Arias no se quedaba sólo en lo religioso. Para él, ser inteligente espiritualmente tiene que ver con las actitudes espirituales en las reacciones, en el dolor, en el disgusto, en las conductas morales y éticas, en el cuidado del cuerpo que no sólo incluye el ejercicio físico y el ocio sino también la alimentación, y el tipo de alimentación, el descanso nocturno, la relación con la propia familia.

También la medida respecto de cuánto afecta la paz interior las dificultades de la vida diaria, la manera de vestir, la relación con la naturaleza. La influencia de los propios principios en las preocupaciones, el tiempo que se dedica a la lectura de textos positivos, el tiempo diario, semanal o mensual que se dedica a la meditación.

Midiendo las reacciones

Si suelo asustarme, si manejo la calma aun en el enojo, si me siento parte de la humanidad, si puedo reflexionar en el sentido de mi existencia, si puedo abocarme a una misión noble. También puedo mencionar lo material: qué tipo de automóvil o casa prefiero y hasta los muebles de la casa. La relación con el dinero, con el sufrimiento, con la enfermedad y con el dolor. Todo referido a lo propio y ajeno.

Con respecto a las prácticas religiosas y estados personales: lo que significa la bendición, el ayuno, los proyectos de vida, las peleas, las ambiciones, la confiabilidad, lo sagrado, la lectura, los ejercicios espirituales, el pensamiento, el uso de las oportunidades, la depresión, el perfeccionismo, etc.

Esto es señal de que la *Inteligencia espiritual* tiene que ver con todo lo que digo, hago, pienso o tengo. Todo lo que vivo es espiritual porque somos seres espiritualmente humanos. Además de esta tarea, con Rodrigo compartimos mucho tiempo de charla donde entendí mejor la completitud práctica de valorar la vida que Dios nos ha dado.

Para ilustrar esto, te invito a que repasemos juntos la fecunda letra de la canción/poema de la compositora argentina Eladia Blázquez, *Honrar la vida*:

"¡No! Permanecer y transcurrir
no es perdurar, no es existir
¡Ni honrar la vida!
Hay tantas maneras de no ser,
tanta conciencia sin saber,
adormecida…
Merecer la vida no es callar y consentir,
tantas injusticias repetidas…
¡Es una virtud, es dignidad!
Y es la actitud de identidad
¡más definida!
Eso de durar y transcurrir
no nos da derecho a presumir.
Porque no es lo mismo que vivir…
¡Honrar la vida!
¡No! Permanecer y transcurrir
no siempre quiere sugerir
¡Honrar la vida!
Hay tanta pequeña vanidad,
en nuestra tonta humanidad
enceguecida.
Merecer la vida es erguirse vertical,
más allá del mal, de las caídas…
Es igual que darle a la verdad,
y a nuestra propia libertad
¡La bienvenida!…
Eso de durar y transcurrir
no nos da derecho a presumir.
Porque no es lo mismo que vivir…
¡Honrar la vida!".

Componentes de la Inteligencia Espiritual

Estudiando el tema, se puede observar que cada autor enumera componentes necesarios que las personas deberían tener o adquirir para considerarse Inteligentes espirituales.

Robert Emmons[16] define habilidades de la *Inteligencia espiritual* que incluyen capacidad de trascendencia, de sacralidad, de utilizar recursos espirituales en la vida diaria, de un comportamiento que cuida la virtud.

Según Paul Ekman, las personas extraordinarias emanan una sensación de bondad como reflejo de un estado personal, poseen despreocupación por el estatus, la fama y el ego, los demás la encuentran una persona nutricia y posee una asombrosa capacidad de atención y concentración. Definiciones similares a las personas que desarrollaron la extraordinaria *Inteligencia espiritual*.

Para la psicóloga Frances Vaughan, "la *Inteligencia espiritual* abre el corazón, ilumina la mente, e inspira el alma. Implica prestar atención a los pensamientos y sentimientos subjetivos y cultivar la empatía y el aumento de la conciencia de la vida espiritual interior".

Son muchos los autores que consideran a la *Inteligencia espiritual* como el tipo de inteligencia más elevado de todos, el que, además de dar importancia a la trascendencia, promueve el valor del legado que deje huella más allá de la muerte.

Danah Zohar y Ian Marshall[17] proponen cualidades necesarias de un inteligente espiritual. Quiero explicar estos principios desde algunos ejemplos personales:

1. Autognosis: conocimiento de uno mismo. Saber lo que se cree y se valora. Las motivaciones íntimas.

---

[16] Robert Emmons (2000), psicólogo de la Universidad de California.

[17] Cnnexpansión.com. publicado 2 de enero de 2010.

En mi paso por el Seminario Internacional Teológico Bautista de Buenos Aires fueron muchos los aprendizajes además de las materias del currículo. Los amigos, profesores, personal, el ambiente, las partidas de unos y la bienvenida a otros. Entre esos recuerdos está Lloydene Umstot Balyeat, a quien llamamos Mami, una misionera en Argentina que marcó mi primera juventud en cuestiones de la vida cotidiana, laboral, familiar y, sobre todo, espiritual. Una vez me contó que con otro matrimonio de misioneros, todos cristianos evangélicos, empezaron a reunirse en la casa de una familia judía para enseñarles el Antiguo Testamento. Ante mi cara de sorpresa me dijo: "les enseñamos a saber lo que creen, valorarlo y practicarlo". Enseñarles quién es el Mesías. No cambiarles nada sino accionar el potencial espiritual que tienen. La idea de conjugar el mundo sensible y el mundo racional que describe Aristóteles.

2. Espontaneidad: vivir y sentir la espiritualidad en el momento.

   La espontaneidad espiritual tiene que ver con tener presente conscientemente que el espíritu participa en la cotidianeidad. Reconocer que nuestro espíritu está presente desde siempre en nosotros y la espontaneidad es hacerlo consciente interiormente para poder luego exteriorizarlo. Esto nos convierte en personas espirituales frente a los sucesos del vivir diario.

3. Congruencia: actuar de acuerdo a nuestros principios y valores personales.

   En el Instituto terciario Juan Amós Comenio donde soy profesora, trato siempre de explicar materias a veces complejas, para algunos Filosofía, con ejemplos de la vida cotidiana. Es así que enseñando desde el Enfoque Centrado en la Persona, postulado de Carl Rogers explico que "la congruencia es la cara interna de la autenticidad". No se ve pero siempre manifiesta nuestro interior. Este principio, junto a la empatía y la aceptación positiva incondicional son la base de la teoría y práctica rogeriana.

4. Holismo: ser capaces de ver patrones extensivos, relaciones y conexiones con el sentido de pertenencia.

   Es tener una mente abierta a aceptar al otro. No desde la no discriminación únicamente sino más bien entender que todo y todos me constituyen persona espiritual. Los que acuerdan conmigo y los que no.

5. Compasión: tener una empatía profunda.

   Esta capacidad de sentir profundamente lo que otro está viviendo. Es una cualidad espiritual. Pero también implica mirar hacia el mismo lado que la otra persona. Intentando hacerlo desde su altura, desde su nivel. Abarca ser empático con su proyecto, aunque difiera del mío. Es netamente comprensión, es ayudar al desarrollo del otro de creer en sí mismo.

6. Celebración de la diversidad: aceptar al otro por sus diferencias, no a pesar de ellas.

   Es centrarse en el vínculo que une los opuestos. Aceptación Positiva Incondicional (API) de Carl Rogers.

7. Espacio de autonomía: resistirse a la mayoría sosteniendo las convicciones propias.

   Cada vez que en nuestro país llega la época electoral, admiro a mi hermana cuando se juega votando a una minoría política que sabe que muy difícilmente gane una elección. No le importa lo que le digan, ella tiene la convicción de que es necesaria una oposición presente. No es de las que se suman al montón solo para creer que ganó una competencia.

8. Humildad: sentirse sólo un partícipe más en un contexto más grande, aceptando que sólo se tiene un lugar en el mundo.

   Hace unos años en otra provincia conocí a un joven entusiasta que me dijo categóricamente que su misión en la tierra era salvar al mundo. Tenía grandes planes de trabajar desde la medicina creando los remedios y soluciones a todos los grandes males que aquejan a la humanidad de este siglo. Descubrí rápidamente su incongruencia, y pronto su patología, cuando luego de repetir tres veces el segundo año de la escuela media decidió dejar el colegio.

9. Cuestiones fundamentales: es comprender las cosas, llegar a lo profundo de ello, a su sentido, a su porqué.

   Hace años leí el libro *Cuando lo que Dios hace no tiene sentido*[18], y por experiencia propia sé que a veces no puede llegarse a lo profundo, a comprender el sentido de las cosas que nos suceden. Muchas veces por miedo nos da vértigo profundizar en nuestras experiencias, pasadas o presentes, pero la aceptación de la cual hablamos viene a nuestro socorro. Es la fe de nuestro espíritu en el Espíritu de Dios.

10. Capacidad para reestructurar: ver a la distancia un problema ubicándolo en un contexto más amplio.

    Cuando trabajaba en una empresa y debía ir a la oficina de mi jefa y amiga Marga con un problema laboral iniciaba mi relato diciendo: "Marga, tengo un problema…" y ella siempre respondía con la frase de Mafalda (protagonista de las tiras gráficas de Quino): "¿Tenés *un* problema? Es intrascendente, ¡el mundo está lleno de problemas!".

---

[18] Dr. James Dobson, Editorial Unilit, 1993.

74

José Bleger[19] enseña que es necesario tener la *distancia óptima* para ver el problema y poder ayudar. Esto es básico en la práctica de mi profesión.

11. Uso positivo de la adversidad: aprendizaje y crecimiento personal a partir de los errores y el sufrimiento.

Quienes ven un propósito más allá de los infortunios presentes pueden considerarse personas con *Inteligencia espiritual*.

Job, el personaje bíblico, decía: "¿Recibiremos de Dios el bien, y el mal no lo recibiremos?".

Recuerdo un antiguo himno evangélico que cantábamos en la Iglesia Armenia que mencionaba avatares de la vida en cada estrofa pero el coro repetía que "si Dios está al control, todo está bien".

12. Sentido de vocación: sentirse llamado a servir a los demás, al mundo.

En un sentido más amplio que el servicio religioso eclesiástico. Es el dar y el hacer de forma incondicional. No se refiere sólo a lo material sino también a la palabra, al tiempo, a la sonrisa, al abrazo, a poner el hombro para que alguien llore, a la compañía, a la presencia. El filósofo Julián Marías afirma que el ser humano es instalación y vector. Estamos asentados en un lugar, en una circunstancia pero, simultáneamente, aspiramos a realizar algo que todavía no somos pero que creemos que podemos llegar a ser. Este movimiento hacia lo desconocido es el vector y la capacidad de autotrascendencia, es lo que inspira y le da sentido a la vocación. Esforzarse en estudiar para servir a otros. Algunos lo denominan neurogenerosidad.

---

[19] Bleger, José. Psicología de la conducta. Centro Editor. 1972.

El Dr. Rafael Sáenz, representando al Instituto en el que doy clases, en un acto de graduación les habló a los graduados acerca del perfil del futuro profesional. Dijo que "ejercer la profesión es desarrollar los talentos, el don, la vocación personal que tenemos gracias a la sabiduría divina". Al escuchar a este hombre sabio, pensé: "Para ejercer una profesión, una vocación de acuerdo a la voluntad de Dios, es necesaria la *Inteligencia espiritual*".

Resumen

- La Inteligencia espiritual debe ejercitarse.
- El cuidado de la espiritualidad y el cultivo de la inteligencia espiritual son decisivos si se quiere acceder a una vida plena.
- La inteligencia espiritual tiene que ver con todo lo que digo, hago, pienso o tengo. Todo lo que vivo es espiritual porque somos seres espiritualmente humanos.
- Son muchos los autores que consideran a la *Inteligencia espiritual* como el tipo de inteligencia más elevado de todos, el que, además de dar importancia a la trascendencia, promueve el valor del legado que deje huella más allá de la muerte.

CAPÍTULO 6

LA INTELIGENCIA ESPIRITUAL Y LAS NEUROCIENCIAS

Para el científico, formular preguntas es casi lo único que importa. Las respuestas, cuando se encuentran, sólo suscitan nuevas preguntas. La pesadilla del científico es la idea del conocimiento total. Tiembla sólo de pensarlo. Compárese esto con la certidumbre propia de la religión y se verá qué distinta es la ciencia de la religión. La religión sustituye la duda por la certidumbre. La ciencia alberga dudas infinitas e implica una fe.

D.W. Winnicott (1961)

Pero Tomás, uno de los doce [...], no estaba con ellos cuando Jesús vino. Entonces los otros discípulos le dijeron: "Hemos visto al Señor". Y él les dijo: "Si yo no veo en sus manos la señal de los clavos, ni meto mi dedo en el lugar de los clavos, y mi mano en su costado, no creeré".

Juan 20:24-25 (RVC)

En psicología, hay conceptos que no se pueden ubicar en las estructuras del sistema nervioso, es decir, carecen de ubicación anatómica. Un ejemplo clásico es la noción de inconsciente de Sigmund Freud. Este hecho no quita que estos fenómenos dejen de operar sobre el sujeto, teniendo efecto sobre su conducta; en otras palabras: no le quitan eficacia. Es más, su conceptualización permite dar cuenta de ciertas manifestaciones que de otra manera no podrían ser explicadas.

La difusión de la idea de una inteligencia trascendente, existencial, sufrió varios obstáculos para ser aceptada dentro del sector académico, a pesar de que, ya en 1997, la física y filósofa Danah Zohar introdujese el término *Inteligencia espiritual* y que años después se desarrollara ese concepto con otro investigador, el psiquiatra Ian Marshall, definiendo la *Inteligencia espiritual* como la inteligencia máxima.

Este concepto es aún más difícil de aceptar por el mundo científico al considerar que se postula la *Inteligencia espiritual* como un marco integral y trascendente dentro del cual actuarían tanto el coeficiente intelectual como la inteligencia emocional para expresar así nuestras capacidades y mejorar nuestra vida y la de los demás.

En nuestra época, se han dado las condiciones tecnológicas, y contamos con herramientas específicas para hacer una resonancia magnética funcional, una tomografía por emisión de positrones, un *Spect* y otros métodos de investigación con los que se examina el cerebro en busca de las bases fisiológicas de las experiencias espirituales. Esto contribuyó a que, finalmente, se considerara esta inteligencia como un objeto serio de estudio, y a que varios recintos de investigación científica en todo el mundo profundicen en el tópico. Como en todos los ámbitos, en especial en la salud, cada vez pueden estudiarse mejor científicamente determinados temas debido al acceso a la tecnología que poseemos.

Así, por ejemplo, se ha estudiado en el cerebro la dotación ética innata y universal[20], también, lo que sucede en el cerebro de monjes[21] y monjas[22] en momentos místicos o de oración, o las conductas de fieles creyentes laicos[23]. Hasta algunos evolucionistas han admitido que la creencia en lo

---

[20] Dra. Natalia López Mortalla del Departamento de Bioquímica y Biología Molecular de la Universidad de Navarra.

[21] Sara Lazar, neurocientífica de la Universidad de Harvard.

[22] Mario Beauregard, neurocientífico de la Universidad de Montreal, Canadá, 2006.

[23] Instituto Fetzer, Kalamazoo, 1999.

divino es un escalón más en el proceso neurológico que nos permite trascender la materia[24].

Uno de los hitos más importantes es la determinación del área del cerebro donde se generan los juicios morales. Gracias a los esfuerzos realizados por científicos del *Massachussets Institute of Technology* (MIT) y en colaboración con científicos de la *University of Southern*

California, dirigidos por António Damásio, se confirma que la corteza prefrontal ventromedial (CPFVM[25]) es la que posibilita la integración de emociones e intenciones.

Precisamente, las personas con trastornos en esta área son incapaces de evaluar moralmente acciones maliciosas. Es decir, que no son capaces de generar una respuesta emocional normal ante una ofensa, sino que se fijan sólo en el resultado de ésta, a pesar de tener la aptitud de interpretar las intenciones de los involucrados. Así que, si alguien intenta hacerle daño a otra persona, pero no lo consigue, piensa que su acción es moralmente admisible.

La CPFVM, gracias a sus conexiones con otras áreas de la corteza y con estructuras subcorticales, cumple un papel mediador entre cognición y emoción, desempeñando una función primordial en la regulación y el control del comportamiento.

Esto prueba hasta qué punto las emociones juegan un papel fundamental en la formación de los juicios éticos, dado que los mismos dependen de nuestra capacidad de inferir intenciones. Es así que gracias a ello, podemos perdonar daños no intencionados o accidentales o, por el contrario, condenar lo intentos fallidos de hacer daño, a diferencia de los pacientes con trastornos en la CPFVM, quienes son incapaces de valorar

---

[24] Jordan Grafman, neurocientífico del Instituto Nacional de Salud de Estados Unidos.
[25] Suele leerse por sus siglas en inglés: VMCPF.

la intención debido a que presentan dificultades para procesar ciertas emociones sociales, como la empatía o la vergüenza, aunque mantienen intacta la capacidad de razonar y otras funciones cognitivas.

Este estudio demuestra también que la producción de juicios éticos requiere no solamente de una evaluación lógica de la intención, sino también de una reacción emocional ante la misma, integrando intencionalidad y afectos.

También la CPFVM aporta a nuestra inteligencia espiritual ayudando a resguardarnos de aquellos que no tienen buenas intenciones, facultándonos a discernir entre las personas que son confiables de las que no lo son.

Un estudio con RMF (Resonancia Magnética Funcional) mide la analgesia reforzada por la religión[26]. Es decir, la creencia religiosa ayuda a los creyentes a reinterpretar el significado del dolor. La experiencia se realizó con creyentes católicos, ateos y agnósticos a quienes, frente al dolor, se les presentaban unas imágenes. Si la imagen era religiosa, a los creyentes les disminuía la sensación de dolor, y la corteza prefrontal ventromedial derecha se inhibía. Esta región es importante en la conducción de los circuitos del dolor.

Implicancia de la experiencia en la neurociencia

En generaciones anteriores, las abuelas solían decir que a los niños les hacía daño golpearse o golpearles en la cabeza porque podían "quedar mal" para toda la vida. Hoy, sabemos que una lesión en el cerebro (golpes, ACV, demencias) provoca cambios motores, físicos, intelectuales, emocionales y aún espirituales.

---

[26] Weich, R.; Farias, M.; y otros. Nutffield. Departamento de Anestesiología de la Universidad de Oxford, Reino Unido. En la publicación: Dolor, 15 de Oct. 2008.139 (2) 241/2.

Phineas Gage era un supervisor de la construcción de una línea ferroviaria en Vermont, Estados Unidos. En 1848, mientras hacía su tarea diaria de colocar pólvora en el hueco de una roca, con una barra de hierro de más de un metro de largo, accidentalmente, detonó una explosión. La barreta de hierro se disparó hacia atrás y le atravesó el cráneo ingresando desde el pómulo izquierdo. El recorrido, desde la mejilla hasta salir por la parte superior del cráneo, también afectó el nervio óptico. Milagrosamente, Phineas no murió; logró recuperarse y volver al trabajo y a su vida cotidiana, pero el drástico cambio en el modo de comportarse, a partir de ese accidente, lo llevó a los libros de neurociencias hasta hoy.

Después de su recuperación, no sufrió déficits neurológicos aparentes. No tuvo ninguna dificultad para el movimiento ni problemas sensoriales, ni problemas con la memoria o el lenguaje. Pero sí, tuvo muchos cambios de personalidad. Sus decisiones y sus juicios se vieron afectados para siempre y Gage, a diferencia de antes del accidente, se convirtió en una persona casi intratable.

El médico que intervino tomó nota de todos los cambios de su inteligencia interpersonal, su manera de relacionarse, tanto de lo que sentía Gage como de lo que su familia y amigos observaban. Serían datos muy importantes acerca de cambios producidos para estudiar en un cerebro vivo. En ese momento, se comenzó a entender cuál era el rol del lóbulo frontal en las relaciones interpersonales entre otras muchas cosas.

En el *Harvard Medical School*, se conserva el cráneo, y aún hoy se estudia. Hanna Damásio, Thomas Grabowski, Randall Frank y otros recrearon una simulación que se examina en 3D para ilustrar que sus áreas motrices y del lenguaje no fueron afectadas. Esto confirma que pudo trabajar con la misma eficiencia que antes del accidente. Lo que llamaba poderosamente la atención era el cambio traumático desde lo psicológico pero neuroanatómicamente permitió definir las funciones de la corteza ventral (llamada así porque se alinea al vientre o barriga) y sus consecuencias en la conducta.

António Damásio relata muchos años después en *El error de Descartes*[27], un caso similar que trató: Elliot, un hombre de unos 30 años, al que define como un capaz incapacitado. Tenía dificultades en la toma de decisiones y en la administración del tiempo. Solía interrumpir la actividad si otra cosa le llamaba más la atención. Así, se perdía la ilación del trabajo con sus compañeros. Hacía malos negocios y tuvo dos divorcios. Sus esposas e hijos no comprendían que Elliot no se diera cuenta de que estaba a la deriva. Las anomalías de Elliot en el comportamiento social no influían en las pruebas psicológicas.

Elliot y Phineas compartían las carencias de comportamiento social y de toma de decisiones. Fue debido al repentino uso de un lenguaje soez que los profesionales de estos pacientes, de diferentes épocas, entendieron que la reducción de la reactividad emocional y de los sentimientos complejos, como la vergüenza, tenían una localización particular. Con Elliot, pudo verificarse la lesión prefrontal gracias a la nueva tecnología para detectar esos sentimientos aplanados.

Aunque Damásio y otros investigadores aseguran que estas incapacidades pueden surgir de lesiones en otros lugares del cerebro, nuestra misión es hacer evidente que el cerebro es protagonista en los cambios morales, interpersonales y espirituales. Cuando las religiones hablan figurativamente de cambios en el "corazón", en el espíritu, no hay lugar a dudas de que la razón debe permitir, acompañar y decidir esos cambios en la psique (alma).

---

[27] Damásio, António. Crítica 1996.

Investigaciones realizadas con personas religiosas

En 2006, Mario Beauregard, neurocientífico de la Universidad de Montreal en Canadá, le realizó resonancias magnéticas a quince monjas carmelitas y les pidió que revivieran un momento místico. Luego de la experiencia, Beauregard afirmó que un Ser Supremo les proveyó de antenas receptoras, conexiones neuronales, para captar su presencia.

También, Richard Davidson, del *Laboratorio de Neurociencia Afectiva* de la Universidad de Wisconsin, Estados Unidos, realizó con técnicas de neuroimágenes una observación en monjes budistas en el momento de la meditación, invocando escenas o sucesos que enfatizaban la compasión.

Tanto Mario Beauregard como Richard Davidson concluyeron que se producen cambios significativos en áreas frontales, parietales y subcorticales así como en la amígdala. Esto ratifica que no existe un solo lugar para la espiritualidad; el cerebro trabaja en red[28].

Estamos en los albores de descubrir al cerebro. Nuestro cerebro tiene la difícil tarea de estudiarse a sí mismo y, observando los últimos años, debemos reconocer que hemos aprendido acerca de él en esta generación más que en toda la historia de la humanidad. Las nuevas tecnologías, las nuevas profesiones e instituciones de investigación posicionan a la neurociencia como la "madre" de muchas especialidades científicas.

En la Universidad de Harvard, la neurocientífica Sara Lazar estudió el cerebro de veinte monjes budistas, dedicados y expertos en meditación, hallando que poseían algunas áreas

---

[28] También lo afirma el español Francisco José Rubia Vila de la Universidad Complutense de Madrid. Hoy en los Estados Unidos trabaja bajo la hipótesis de la memoria en la red.

del cerebro con mayor engrosamiento que el común de las personas.

Mientras la clínica psiquiátrica y psicológica se ha focalizado en las patologías devenidas de las manifestaciones religiosas, parece que la neurociencia cognitiva se ha centrado en los correlatos neurales de las experiencias religiosas todavía extraordinarias e inusuales[29].

Una nueva ciencia

La *neuroteología* o *neurociencia mística* está naciendo para teorizar la fe y para hallar los fundamentos de la espiritualidad en el ser humano.

Michael Persinger [30] adaptó un casco como aparato experimental al que llamó *el casco de Dios*. Un aparato que estimula selectivamente, mediante un campo electromagnético, los lóbulos temporales izquierdo y derecho, induciendo la sensación de una revelación mística. Lo significativo es que cada uno experimentaba imágenes familiares, de su propia religión. De ello inferimos que nada puede salir si primeramente no entró en el cerebro. Los cognitivistas siguen usando el ejemplo del cerebro-computadora. Nunca se podrá encontrar lo que anteriormente no se guardó.

La Teoría de la Mente (TOM) se describe como la capacidad para comprender e inferir la conducta de otras personas, sus pensamientos, sus intenciones, sus emociones y sus creencias. Si esta misma hipótesis se aplicara a los agentes sobrenaturales, podría comprobarse que subyacen componentes psicológicos a las creencias religiosas y viceversa.

---

[29] Kapogiannis, Dimitrios et. al. Cognitivos y neurales fundamentos de las creencias religiosas. 2009.

[30] Michael A. Persinger es neurólogo cognitivo, investigador y profesor universitario estadounidense.

Por este motivo, ya no es suficiente comprobar qué pasa en el cerebro en momentos de oración, compasión o misticismo en personas religiosas. Sería interesante conocer qué sucede en el cerebro cuando una persona decide creer, cuando luego de una situación límite invoca a Dios, cuando un encuentro especial con lo religioso o con lo sobrenatural satura su espíritu. Estudiar qué cerebro era y qué cambios se produjeron luego de una decisión de fe. Es decir, cómo se refleja en el cerebro la nueva conducta de lo sobrenatural, la experiencia personal con Dios.

Escuché a varios científicos preguntarse si Dios crea los pensamientos en la mente o si la mente humana crea a Dios. Un *Inteligente espiritual* resuelve esa incógnita creyendo que Dios es un ser vivo, creador y superior, no creado por el hombre. Salir de los claustros y de los laboratorios permitirá un encuentro maravilloso: significará entender lo que Dios produce en los seres humanos.

Otras neurociencias

En un reportaje, escuché a Michael Gazzaniga[31] decir: "Tú eres tu cerebro". Esto significa que son tus sesos los que generan tu mente. El hecho de que exhibas diversos comportamientos en relación al ambiente demuestra que tienes cognición. Los millones de sentimientos y pensamientos de los que disfrutas son procesos en interacción con el entorno y pasan a formar parte de la relación que existe entre tus neuronas. Todos tus procesos mentales, incluyendo la sensación de tener una mente y un *yo*, son fruto de tu cerebro.

Se puede intentar explicar la naturaleza humana, comprendiendo mejor el sustrato físico de nuestros pensamientos. Estamos descubriendo que hay muchos aspectos

---

[31] Michael S. Gazzaniga, médico director del Centro SAGE para el estudio de la mente en Estados Unidos.

del comportamiento moral que están incorporados a la naturaleza de nuestro cerebro, mezclados con otras reglas que provienen de vivir en un grupo social.

Desde hace décadas, Gazzaniga centra su estudio en el cerebro social y esto conlleva la ética, mejor dicho la *neuroética*: el comportamiento que, según él, está incorporado en el ser humano como especie y que es la fuente de las reglas sociales. Los estudios en este tema son interesantes para resolver aquellas dudas acerca de por qué hermanos y, a veces, gemelos tienen diferente conducta ética habiendo sido gestados al mismo tiempo y criados por los mismos padres. La *neuropsicología genética*, la *neuroética*, la *neuroteología* y la tecnología en imágenes se van entrelazando para hallar repuestas.

En 1955, al morir Albert Einstein, se iniciaron las investigaciones sobre su cerebro. Se empezó a analizar qué tenía de excepcional el cerebro del famoso físico. Entre otras cosas, su cortex prefrontal –la parte del cerebro situada sobre los ojos– tenía capacidades cognitivas de excepción, aunque su tamaño, peso, consistencia y funciones entraran dentro de la categoría de común. En esa área, residen aptitudes como la capacidad de concentración, la planificación o la perseverancia ante los retos. En el caso de Einstein, lo tenía excepcionalmente desarrollado. Se ha estudiado que algunas secciones del cortex somatosensorial –que procesa la información sensorial del tacto y el motor que controla los movimientos voluntarios– estaban anormalmente desarrolladas. Pero claro, como no era deportista o joyero, estas funciones no le repercutían en su trabajo, aunque pueden verse fotos que lo mostraban andando en bicicleta.

Ciencia y fe

El Dr. Luis Palau, conocido evangelista internacional nacido en Argentina, escribe: "Pienso que los teólogos enfocan las cosas de arriba hacia abajo. Los científicos comienzan de abajo hacia arriba, y estamos acercándonos a un punto intermedio […] Así es, y en cuanto a lo relacionado con la ciencia, la tecnología y el conocimiento humano, continúan expandiéndose. Los seres humanos seguimos buscando, estudiando e investigando a fin de saber más. Y es correcto hacerlo. Pero más tarde, cuando llegamos a la verdad final, decimos: "¡Ah, era Dios!"[32]

Cuando leo a algunos autores, me parece que esperan que la ciencia valide la fe. Si el resultado de lo que la ciencia dice es positivo, entonces, está bien creer. Personalmente, conociendo teología y experimentando la fe, empecé a estudiar psicología y neurociencias y creo que el camino me resulta diferente: creo y tengo fe, tengo prácticas rituales y espirituales, pero cuando escucho a los neurocientíficos los siento un poco perdidos en estos temas. Ellos buscan en el cerebro para ver qué hay, qué ven, qué sucede; mientras tanto, Dios es Espíritu. Creo que los científicos ven a los religiosos como "objeto de estudio" y a los espirituales como "no cuerdos".

¿La fe activa algo en el cerebro o el cerebro activa la fe?

Estudiosos demuestran que las personas que practican conductas religiosas presentan en general un mayor desarrollo de la corteza cerebral en áreas asociadas a la empatía, el control emocional y la comunicación simbólica. Por lo tanto, los cambios a nivel cerebral se traducen en cambios a nivel físico; lo corroboran las consecuencias de la religiosidad y de los rituales ceremoniales, como el canto, la oración, la meditación o reflexión. Sin lugar a dudas, las costumbres –el ayuno, el baile, las caminatas de peregrinación y otros ritos que comprometen el cuerpo– actuarán sobre la emoción y el estado

---

[32] Luis Palau y Zhao Qizheng. Diálogo Amistoso entre un Ateo Chino y un Cristiano Argentino. Editorial Vida, Miami, Florida. 2008

de ánimo así como, en la circulación sanguínea, la dopamina, las endorfinas o el cortisol (hormona relacionada con el estrés) lo harán en el aparato endócrino, circulatorio, óseo, inmunológico, nervioso, muscular, digestivo, respiratorio, etc.

La homeostasis (el equilibrio) producida mejora la atención, la concentración y la memoria por eso es que estas personas pueden rendir mejor en pruebas de inteligencia, por estar más confiados y serenos.

¿Existen condiciones especiales para tener fe o es un hábito cultural?

La duda se genera al comparar personas que creen (practicantes) con otras que no creen. ¿Todos los seres humanos podemos creer? ¿Es posible creer sólo cuando necesitamos un Ser Superior que resuelva nuestra necesidad? ¿Pensamos en lo trascendente sólo frente al dilema de la muerte?

Algunos antropólogos o sociólogos afirman que la religiosidad es propia del desarrollo milenario del hombre. Lo sorprendente es que frente a los avances tecnológicos y científicos, polución y guerras, catástrofes e inseguridad, las personas interiormente no dejan de tener fe. Puede verse claramente en las estadísticas, al menos en nuestro país, Argentina.

Es sumamente complejo registrar una experiencia religiosa. En los laboratorios, se pretende que quien reza repitiendo frases –un religioso– tenga en ese momento una experiencia religiosa, que muestre allí mismo la fe en su cerebro: pretensión, un poco reduccionista, limitada.

Además de los condicionantes para esta actividad que debe hacerse en soledad o en comunidad, pero sin ser "medido", ¿los observados pueden siempre "conectarse" espiritualmente? ¿Qué sucede con la gente común cuando reza u ora? ¿Cuándo desarrolla un proceso de fe ante el dolor?

Luego de haber leído algunas frases, pude formar mi opinión al respecto:

- Existen temas que la neurociencia descubre durante la meditación, por ejemplo que los lóbulos parietales, encargados de procesar el sentido de orientación y conocimiento de uno mismo, disminuyen casi por completo su actividad. La Biblia dice que en la quietud se puede conocer, ver a Dios. "Casualmente", el parietal es el lugar de la mantilla en las mujeres y la quipá, en los varones judíos. Es el lugar más alto de nuestra cabeza, el que está más cerca de los cielos.

- La PNIE (psineuroinmunoendocrinología) también declaraque durante la oración baja la actividad de la amígdala, una región involucrada en el proceso del miedo. La Biblia repite cientos de veces en diferentes circunstancias que estar en conexión con Dios quita el miedo.

- Hay una receta para el estrés diario en casi todas las religiones: meditación y oración. Hace unos años, me invitaron de una universidad religiosa en la provincia de Entre Ríos, Argentina, para presentar una exposición acerca del *burnout* (estrés extremo). Sonreí al leer la invitación porque era la zona a la cual acostumbramos ir de vacaciones, para "desestresarnos". Siempre nos pareció un lugar verde, tranquilo, con buena gente. Lo cierto es que llegó el día y la conferencia tenía asignado un auditorio para noventa personas aproximadamente. El lugar se llenó desde el principio y, al correr los minutos, los que llegaban se sentaban en las escalinatas o en el suelo. Había tantas personas presentes que nos faltaba el aire. Al cabo de unos minutos, llegó un coordinador del Congreso a pedirme que fuéramos al auditorio principal de la universidad. Allí terminé mi exposición.

- No son sólo los habitantes de las grandes ciudades los que sufren estrés, que trae desconcentración o angustia, y genera insatisfacción internamente. Aquel día, comprobé que en los pequeños pueblos los jóvenes resisten aún menos las presiones, "derrapan" más pronto, no tienen resistencia, aún viviendo en un claustro religioso.

- Existe evidencia de que las personas creyentes viven más y mejor. Si los científicos conocieran el gozo de la salvación y la alabanza de reconocimiento a Dios, entre otras cosas, creo que todos los estudios confirmarían lo que la Biblia desde hace cientos de años viene diciendo. Afirma 1 Corintios 2:6-7: "Sin embargo, hablamos sabiduría entre los que han alcanzado madurez; pero una sabiduría no de este siglo, ni de los gobernantes de este siglo, que van desapareciendo, sino que hablamos sabiduría de Dios en misterio, la *sabiduría* oculta que, desde antes de los siglos, Dios predestinó para nuestra gloria" (LBLA).

Resumen

- En nuestra época, el avance de latecnología contribuyó a que, finalmente, se considerara la *Inteligencia espiritual* como un objeto serio de estudio, y a que varios recintos de investigación científica en todo el mundo profundicen en el tópico.

- Hoy, sabemos que una lesión en el cerebro (golpes, ACV, demencias) provoca cambios motores, físicos, intelectuales, emocionales y aún espirituales.

- El cerebro es protagonista en los cambios morales, interpersonales y espirituales. Cuando las religiones hablan figurativamente de cambios en el "corazón", en el espíritu, no hay lugar a dudas de que la razón debe permitir, acompañar y decidir esos cambios en la psique (alma).

- La *neuroteología* o *neurociencia mística* está naciendo para teorizar la fe y para hallar los fundamentos de la espiritualidad en el ser humano

- Sería interesante conocer qué sucede en el cerebro cuando una persona decide creer, cuando luego de una situación límite invoca a Dios, cuando un encuentro especial con lo religioso o con lo sobrenatural satura su espíritu. Estudiar qué cerebro era y qué cambios se produjeron luego de una decisión de fe.

- Estudiosos demuestran que las personas que practican conductas religiosas presentan en general un mayor desarrollo de la corteza cerebral en áreas asociadas a la empatía, el control emocional y la comunicación simbólica.

CAPÍTULO 7

LA INTELIGENCIA ESPIRITUAL Y LA ÉTICA

Así que, todas las cosas que queráis que los hombres hagan con vosotros, así también haced vosotros con ellos; porque esto es la ley y los profetas.
Mateo 7:12

La definición que nos brinda la Dra. en Filosofía, Diana Cohen Agrest, dice que: "Mientras que la ética es la teoría sobre el hecho moral, la moral alude al conjunto de normas y conductas predominantes en una sociedad. En cierto sentido, nos es impuesta. Así, creemos comportarnos moralmente, cuando en verdad sólo nos dejamos llevar por la corriente. En contrapartida, la ética es la reflexión sobre el conjunto de conductas y normas imperantes y, por extensión, es la reflexión sobre cómo conducir nuestra vida. Es un compromiso asumido frente a nosotros mismos, e implica ocuparnos de cómo deberíamos vivir y qué deberíamos hacer".

El término "moral" nace de la voz latina *mos, moris*, que significa costumbre. La ética estudia qué es lo moral, cómo se justifica racionalmente un sistema moral, y cómo se ha de aplicar a nivel individual y a nivel social. Tiene como objeto la conducta humana. Procura determinar si un acto ha sido éticamente bueno o malo. Reflexiona sobre el hecho moral y busca las razones que justifican la utilización de un sistema moral u otro. El sentido de la Ética es arrojar más luz sobre este conocimiento.

¿Estamos dotados de una *Inteligencia espiritual* que guía nuestros juicios intuitivos sobre el bien y el mal? De hecho, vemos en la práctica que tanto los creyentes como los no creyentes poseen un discernimiento apropiado del bien y del mal contribuyendo a esfuerzos para aliviar el sufrimiento humano.

También podemos encontrar, más allá de las culturas y religiones, elementos que conforman el patrimonio común de la humanidad, lo que nos lleva a pensar que, como fruto del desarrollo humano, en el ser humano se ha desarrollado una *Inteligencia espiritual* innata que forja intuiciones que nos permiten discernir sobre el bien y el mal, a fin de permitir la convivencia.

Ken Wilber, en su libro *Ciencia y Religión*, explica que los tres aspectos del rostro del Espíritu resplandeciendo en este mundo son:

- La belleza como el YO del Espíritu, en cuanto a la búsqueda de armonía, perfección de las formas, sonidos colores, relaciones.
- El bien como el NOSOTROS del Espíritu, en cuanto al principio organizador, principio de luz, capaz de dar presencia, capaz de crear mundo, generador de bondad del ser.
- La verdad como el ESTO el Espíritu, en cuanto a que es veraz, tiene una inclinación hacia el conocer verdadero.

Estas tres dimensiones del Espíritu son trascendentes: el Bien, la Belleza y la Verdad, y permiten vivenciar el Espíritu simultáneamente hacia la interioridad y la exterioridad del ser.

Una prueba ética

El Dr. Peter Singer nos propone que hagamos una prueba que él aplicó en sus investigaciones ¿Te animás? ¡Adelante!

Examiná los siguientes tres casos hipotéticos. En cada uno de ellos, rellená el espacio en blanco con 'obligatorio', 'permisible' o 'prohibido'.

Caso 1:

Un vagón de carga descontrolado está a punto de atropellar a cinco personas que caminan por la vía. Un trabajador ferroviario está junto a un cambio de vías que puede desviar el vagón a otra vía, en la que matará a una persona, pero las otras cinco sobrevivirán. Accionar el cambio de vías es algo…

Caso 2:

Pasás junto a una niña pequeña que está ahogándose en un estanque poco profundo y sos la única persona en los alrededores. Si sacás a la niña, ésta sobrevivirá y sus pantalones se estropearán. Sacar a la niña es algo…

Caso 3:

Cinco personas acaban de ser llevadas a toda prisa al hospital en estado crítico y cada uno de ellos necesita un órgano para sobrevivir. No hay tiempo suficiente para pedir órganos de fuera del hospital, pero hay una persona sana en la sala de espera. Si el cirujano obtiene los cinco órganos de esa persona, ésta morirá, pero las cinco que están en estado crítico sobrevivirán. Obtener los órganos de la persona sana es algo…

Si consideraste el Caso 1 como permisible, el caso 2 como obligatorio y el Caso 3 como prohibido, respondiste de la misma manera que 1.500 personas del mundo entero que respondieron a esos dilemas planteados en la investigación, pues aproximadamente el 90% afirmaron que es permisible accionar el cambio de vías, el 97% que es obligatorio rescatar a la niña y el 97% que está prohibido obtener los órganos de la persona sana.

Es más, no hubo diferencias estadísticas significativas entre los sujetos con una formación religiosa y los carentes de ella. Y lo más notable es que cuando se les solicitó que justificaran el por qué de sus elecciones, los sujetos no supieron dar explicaciones sólidas. Es relevante destacar que entre los que tienen una formación religiosa hubo tantos que no respondieron o brindaron explicaciones incoherentes como entre los ateos.

Para seguir concibiendo la ética como algo personal, quiero contar acerca del experimento que suelo hacer con mis alumnos en la cátedra de Ética y Deontología. Le pido al grupo que elija una y sólo una de estas dos alternativas, y les digo: "Cada uno de ustedes tiene que imaginar que es el maquinista de una larga formación de trenes. Llevan una gran cantidad de pasajeros a toda velocidad. Saben que en el recorrido a pocos metros viene el cambio de vía. Deben elegir hacia la derecha o hacia la izquierda. Desde tu posición podés ver claramente que en la vía de la derecha hay cinco obreros del ferrocarril trabajando, mirás hacia la izquierda y ves que hay un jovencito jugando tranquilamente por las vías con la seguridad de que el tren nunca vira hacia ese lado por la mañana. Tenés que decidir; alguien debe morir. Debés decidir si dejás correr el tren hacia la derecha o hacia la izquierda. ¿Qué harías vos?" La mayoría de mis alumnos, luego de un tiempo de meditar, decide virar hacia la izquierda; morirá una persona en vez de cinco. Entonces, todo parece resuelto. Pero la siguiente pregunta es: "¿Y si el jovencito es tu hijo o tu hermanito?".

Hay decisiones que no son tan sencillas de tomar cuando estamos involucrados. ¿Cuál es la moral que debería aplicarse? Salvando las distancias, esta es la historia de los Evangelios: Dios decidió salvar al mundo sabiendo que eso implicaría que su hijo Jesús muriera.

Estudios como éste dan basamento empírico a la hipótesis de que estamos dotados de una facultad que guía nuestros juicios intuitivos sobre el bien y el mal: la *Inteligencia espiritual*.

Claro que en la vida cotidiana no nos enfrentamos con mucha frecuencia a este tipo de dilemas. Por eso es que te propongo que analicemos el juego del Ultimátum. La teoría de juegos, creada por Von Neumann y Morgenstern, es un área de la matemática aplicada para entender el comportamiento de los seres humanos cuando interactúan llevando a cabo procesos decisorios. Si bien, en un principio esta teoría fue desarrollada para entender el comportamiento de los sujetos involucrados en situaciones que hacen a la economía, la teoría de juegos se usa actualmente en muchos otros campos, tales como biología, sociología, psicología y neurociencias.

El juego del Ultimátum es un juego experimental en el cual dos jugadores interactúan de manera anónima por única vez. Consiste en lo siguiente: a un jugador (A) se le propone que reparta una determinada cantidad de dinero (digamos $100 en 10 billetes de $10) con otro jugador (B), según le convenga, haciendo una única y definitiva propuesta. El jugador B, por su parte, podrá aceptar o no el ofrecimiento. En caso de no aceptar, ningún jugador gana. Por el contrario, si aceptase, se procede al reparto, según la propuesta realizada por el jugador A.

Conforme a la inteligencia "racional" es de esperar que el jugador B siempre acepte la propuesta que se le realice, ya que, de todos modos, ésta siempre mejoraría su situación desde el principio (recibir algo, por poco que le parezca, es mejor que nada).

Y también lo más "lógico" para el jugador A (más teniendo en cuenta la presunción del párrafo anterior) es ofrecerle a B la mínima cantidad posible a repartir ($10), así maximizaría su ganancia.

Pues bien, lo asombroso en este experimento que se ha realizado en muchos países durante muchos años, es que más de la mitad de las personas están dispuestas a realizar una oferta altruista donde ambos ganen lo mismo (50% – 50%).

¿Cuál es la explicación más plausible para este comportamiento? Que la motivación de los participantes no es sólo por el dinero, sino por la justicia distributiva. Lo cual evidencia que en el ser humano las elecciones sobre criterios de justicia priman sobre las de beneficio. Y que no se trata de comportamientos irracionales sino de decisiones que responden a otro tipo de racionalidad, la de la *Inteligencia espiritual*.

¿Y qué diremos de cuando nuestras madres nos retaban luego de que hubiésemos llevado a cabo una maldad contra un compañerito, con la siguiente admonición: "¿Te gustaría que te hicieran a vos lo que le hiciste a él? Pues entonces, no lo vuelvas a hacer"?

En otras palabras, es la famosa "regla de oro", enunciada como: "No le hagas a los demás lo que no te gustaría que te hicieran" (forma negativa), o en otra de sus variantes, "trata a otros como te gustaría que te trataran a ti" (forma positiva), noción universal del sentido ético. La escuchamos en distintos grupos de creyentes, agnósticos o ateos. Cuando hablamos de la *Inteligencia espiritual* hablamos también de una ética innata, universal[33].

Las religiones y la ética

Veamos, con algunos ejemplos, como se expresa la ética en casi todas las religiones y/o tradiciones morales/filosóficas en la historia de la humanidad:

1) Budismo: "No lastime a los demás de la misma manera que usted mismo encontraría dañina" (Udana-Varga 5:18).

2) Cristianismo: Mateo 7:12 "Así que, todas las cosas que queráis que los hombres hagan con vosotros, así también

---

[33] http://enciclopediadebioetica.com/index.php/todas-las-voces/175-la-busqueda-en-elcerebro-de-la-dotacion-etica-innata-y-universal

haced vosotros con ellos; porque esto es la ley y los profetas" La Biblia versión ReinaValera 1960 (RVR1960).

3) Confucionismo: "No hagas a los demás lo que no quieres que te hagan a ti" (Analectas 15:23).

4) Hinduismo: "Ésta es la suma del deber: no hacer a los otros lo que te causaría dolor si te lo hicieran" (Mahabharata 5:1517).

5) Humanismo: "No hagas cosas que no te gustaría que te hicieran" (The British Humanist Society – La Sociedad Humanista Británica).

6) Islam: "Ninguno de ustedes (verdaderamente) cree, hasta que desea a su hermano, lo que desea para sí mismo" (#13 de las Cuarenta Hadices de Imam Al-Nawawi).

7) Jainismo: "Un hombre debería manejarse tratando a todas las criaturas como le gustaría que le tratasen a sí mismo" (Sutrakritanga 1.11.33).

8) Judaísmo: "Amarás a tu prójimo como a ti mismo" (Levítico

9) 19:18) [34].

La regla de oro debería ser enunciada no como "no le hagas a los demás lo que no te gustaría que te hicieran" o "hazle a los demás lo que te gusta que te hagan", sino más precisamente: "no le hagas a los demás lo que a ellos no les gusta que se les haga" o "hazle a los demás lo que a ellos les gustaría que se les hiciere". En definitiva, ponernos en los zapatos del otro, y no imponerle nuestros propios zapatos.

La ética en los niños

Finalmente, concordarás conmigo en que para determinar si la *Inteligencia espiritual* es innata, tendríamos

---

[34] Fuente: Scarboro Missions

que experimentar con niños muy pequeños[35]. Pues bien, te cuento el siguiente experimento psicológico, publicado en la revista *PLOS One* y dirigido por la profesora Patricia Kanngiesser de la Universidad de Bristol, Inglaterra y su colega Felix Warneken de la Universidad de Harvard, EE.UU.

El juego es sencillo: una criatura de tres años de edad y un títere (con la ayuda de un titiritero adulto) recolectan pequeños cubos que extraen de una caja. Después, el niño recibe una moneda por cubo recolectado, con la condición de que comparta su premio con el títere que lo ayudó a realizar la tarea.

El hecho de que niños pequeños, con muy poca experiencia social, premiasen a su ayudante conforme a los méritos, nos habla de que las nociones de justicia y cooperación, propias de la *Inteligencia espiritual*, aparece en las más tempranas actividades de los niños con sus pares, de manera que podemos afirmar que hay una predisposición natural en los seres humanos a tratar a los otros de una manera justa.

Esta tendencia hacia la equidad es fundamental, dado que es indispensable para mantener relaciones estables en una comunidad.

Además, algo destacable de este estudio es que se focaliza en el aspecto positivo de la justicia, en recompensar la cooperación, al pedir a los niños que compartieran sus premios con un compañero tras completar una labor juntos, a diferencia de otros experimentos que se enfocan más en detectar si las personas sancionan a quienes se comportan injustamente con ellos.

---

[35] En Argentina se usa el Test de Metida de Pata, detecta sensibilidad y cognición social

Otras Éticas

Confrontando la ética con otros conceptos y términos, reflexiono en lo que escribió una alumna de mi cátedra de ética: "Las circunstancias son la manera que Dios tiene de intervenir en la libertad de los hombres". Entonces, yo me preguntaba si la libertad es libre o Dios la condiciona.

Asimismo, pienso en la ética grupal, donde lo moral puede ser motivo de disputas. Socialmente, comunitariamente o, aún, en grupos más pequeños como un club, una escuela, una parroquia.

Como sería imposible abordar la totalidad de temas, sólo quiero mencionar una investigación que tiene que ver con la ética en los bebes/ niños. La noticia publicada en la revista digital *Eroski Consumer* era sobre una investigación llamada: *El desarrollo del sentido moral en los niños*. Por lo que parece, al exponer a bebés de seis meses a distintas situaciones representadas por figuras geométricas o peluches, la mayoría de ellos elegían como sus personajes favoritos a aquellos que mostraban un comportamiento más solidario o generoso, lo que supondría una prueba de la existencia de un "código ético" innato en los bebés. Podrían elegir entre el bien y el mal. Para algunos especialistas, esta afirmación es muy difícil de probar, e implicaría la existencia de un código moral universal[36].

Resumen

- Los estudios mencionados anteriormente dan basamento empírico a la hipótesis de que estamos dotados de una facultad que guía nuestros juicios intuitivos sobre el bien y el mal: la *Inteligencia espiritual*.

- Hay decisiones que no son tan sencillas de tomar cuando estamos involucrados. ¿Cuál es la moral que debería aplicarse? Salvando las distancias, esta es la

---

[36] *Eroski Consumer*. 10 de septiembre de 2010. José Andrés Rodríguez.

historia de los Evangelios: Dios decidió salvar al mundo sabiendo que eso implicaría que su hijo Jesús muriera.

- En casi todas las religiones, se aplica la regla de oro de "no le hagas a los demás lo que no te gustaría que te hicieran. En definitiva, ponernos en los zapatos del otro, y no imponerle nuestros propios zapatos.

Capítulo 8

LA INTELIGENCIA ESPIRITUAL Y LA RELIGIÓN

La ciencia desarticula las cosas para ver cómo funcionan.
La religión las junta para ver qué significan.
Son dos empresas intelectuales distintas.
Incluso ocupan diferentes hemisferios del cerebro.
Rabino Jonathan Sacks

Como hemos expresado anteriormente, la espiritualidad no implica necesariamente practicar alguna religión o tener una creencia en particular. Es un sentimiento o estado mental intensamente personal que, bajo los dogmas religiosos, se manifiesta en códigos de conducta institucionales.

En la actualidad, la mayoría de las personas se encuentra en búsqueda de la espiritualidad, especialmente a través de la religión. Pero también se halla, preferentemente de manera personal, a través de la música, la poesía, la literatura, el contacto con la naturaleza o las relaciones íntimas, a diferencia de las religiones a través de las cuales la participación es comunitaria mediante rituales compartidos, como asistir a un templo o iglesia y observar sus preceptos y costumbres.

Conviene destacar, sin embargo, un estudio recientemente publicado por el *British Journal of Psychiatry* realizado partir de siete mil entrevistas en Gran Bretaña. Este refleja que las personas ligadas a la regularidad y disciplina de una religión tienen menos riesgos de sufrir desórdenes psicológicos que aquellos que no canalizan su espiritualidad a través de la práctica religiosa comunitaria.

De cualquier manera, el estudio muestra que existe una correlación, no necesariamente una causalidad. Lo que sí podemos concluir es que, al menos en occidente, la religiosidad estable y disciplinada tiene efectos psicosociales beneficiosos.

Ello podría deberse a que en las instituciones religiosas existe una red de apoyo social. Esta dota al individuo de esperanza, y en comunidad es más fácil llevar a cabo las prácticas que incentivan el desarrollo de la espiritualidad.

El psiquiatra Víctor Frankl desarrolla la idea de una religiosidad inconsciente en el sentido de "un estado inconsciente de relación con Dios, que aparece como una relación con lo trascendental inmanente al propio hombre, aunque a menudo latente en él"[37]. Frankl habla de una relación innata e inconsciente, pero intencional con Dios y de una fe inconsciente. Es en el inconsciente espiritual en donde tendrán cabida una moralidad y una creencia o religiosidad inconsciente. El inconsciente espiritual no se halla a nivel instintivo. No será, por lo tanto, que uno se sienta arrastrado hacia Dios, sino que ha de decidirse por él o en contra de él.

Según Frankl, para Sigmund Freud y para Carl Jung, el inconsciente determina al sujeto, ya se trate de impulsos sexuales o religiosos. Para él, en cambio, "el inconsciente espiritual, y muy en particular la religiosidad inconsciente, es decir el 'inconciente trascendental', no es un inconsciente determinante, sino existente"[38], o sea, libre.

La sintonía de la conciencia con los principios trascendentales, fundamentales y universales es para Frankl la sintonía con Dios, autor de los mismos. Para él, hay una realidad eterna y actual, omnipresente, que constituye la religiosidad humana. Considera que, con frecuencia, es precisamente la represión de esa realidad la que genera

---

[37] Victor Frankl, La presencia ignorada de Dios, (p. 66).
[38] Victor Frankl, La presencia ignorada de Dios, (p. 71).

neurosis y que necesita hacerse consciente. Así pues, dice que el objetivo de la logoterapia es hacer al enfermo consciente de su responsabilidad y de esa relación con la trascendencia de la cual no es consciente porque la ha reprimido.

Al respecto, el Dr. en Psicología y pastor Jorge León asevera que en toda persona –ya sea creyente o no– la base de su humanidad reside, precisamente, en haber sido creado *a imagen y semejanza de Dios* y que ella es el motor de la tendencia espiritual. Y agrega que esa imagen de Dios se la ha presentado al ser humano en forma arquetípica en la persona de Jesucristo de Nazaret.

Postula que esa impronta no se ha perdido por causa del pecado. Dice: "Es obvio que el hombre de hoy no es el mismo hombre que salió de las manos de Dios. Pero un poco lo intuimos, todos los que somos conscientes del deseo de completamiento que experimenta el ser humano. Este deseo de completamiento es una manifestación de la revelación subjetiva de Dios, que se manifiesta en nuestra esencia, en nuestro *Imago Dei*, a pesar de haber sido desdibujado por el pecado". Y es precisamente de esa *Imago Dei* de donde surge la necesidad del ser humano de comunicarse con Dios.

Así leemos en la Biblia: *"Cuando veo tus cielos, obra de tus dedos, la luna y las estrellas que tú formaste, digo: ¿Qué es el hombre, para que tengas de él memoria, y el hijo del hombre, para que lo visites? Le has hecho poco menor que los ángeles, y lo coronaste de gloria y de honra"* (Salmo 8:3-5 RVR1960).

La palabra que aquí se traduce como "ángeles" es *elohim*, por ello las siguientes versiones lo expresan de esta manera:

- La Versión Popular: *"Lo hiciste casi como un dios; "*
- La Nueva Biblia Española: *"Lo hiciste poco menor que un dios; "*

- Nácar-Colunga: *"Lo has hecho poco menor que Dios; "*

Versión Regina: *"Lo hiciste un poco inferior a los dioses"*.

El hombre fue creado lo más parecido posible a Dios Padre porque él iba a ser el compañero de Dios. Esto capacitó al hombre para cumplir el propósito de Dios de ser aquel que gobernaría en la tierra y en todo lo que el Reino de Dios tenía planeado. Ahora bien, la carta a los Hebreos 2:5-9 (versión RVR1995) expresa: "Dios no sujetó a los ángeles el mundo venidero, acerca del cual estamos hablando. Al contrario, alguien testificó en cierto lugar, diciendo: "¿Qué es el hombre para que te acuerdes de él, el ser humano para que lo visites? Lo hiciste un poco menor que los ángeles, lo coronaste de gloria y de honra y lo pusiste sobre las obras de tus manos. Todo lo sujetaste bajo sus pies". En cuanto le sujetó todas las cosas, nada dejó que no le sea sujeto, aunque todavía no vemos que todas las cosas le sean sujetas. Pero vemos a aquel que fue hecho un poco menor que los ángeles, a Jesús, coronado de gloria y de honra a causa del padecimiento de la muerte, para que por la gracia de Dios experimentara la muerte por todos".

Este pasaje es una revelación del dominio de Adán. El versículo 8 revela que el hombre ya no tiene ese dominio. El versículo 9 nos habla de que el dominio que perdió Adán ahora lo ha recuperado Jesucristo por su obra redentora en la Cruz a favor del hombre.

Aunque Adán fue hecho *a la imagen y semejanza de Dios*, esta similitud se ha deteriorado tanto que su posteridad muestra tan sólo una débil representación de ambas. Satanás se ha ocupado de distorsionar la Imagen de Dios y, también, de distorsionar la imagen del hombre a fin de que el sujeto se vea a sí mismo como un ser insignificante. Pero la gran verdad es que ¡el ser humano es lo más valioso de la creación de Dios!

La Inteligencia espiritual y la religión cristiana

Dada la relevancia de la religión para la espiritualidad, te propongo analizar qué sucede con la religión predominante en occidente: la cristiana, buceando en la Biblia, considerada la Palabra de Dios.

En el Nuevo Testamento, y como hemos expresado anteriormente, encontramos mencionada la *Inteligencia espiritual* en la carta que el apóstol Pablo escribe a los Colosenses 1:9 en griego *oiné*, en que fue redactada esta segunda sección de La Biblia, como σοφία καὶ συνέσειπνευματική, transliterado como *sýnesis pneumatikei.*

La oración del apóstol Pablo comienza pidiendo ser colmados con un conocimiento cada vez mayor de la voluntad de Dios. Este conocimiento de Dios debe traducirse en una situación humana concreta. La sabiduría espiritual es la *Sophía* que podemos describir como el conocimiento de los primeros principios.

La inteligencia es lo que los griegos a veces describían como conocimiento crítico, refiriéndose a la capacidad para aplicar los primeros principios a cada situación que pudiera presentarse en la vida. Así, pues, cuando el apóstol Pablo ora para que sus amigos tengan sabiduría e inteligencia, está pidiendo que entiendan las grandes verdades del cristianismo, que sean capaces de aplicar esas verdades a las labores y decisiones de la vida cotidiana.

Sýnesis, entonces, es discernimiento comprensivo. En el Antiguo Testamento es la inteligencia que Dios otorga para comprender sus actos y voluntad. La *sýnesis* entraña un juicio recto no en el orden especulativo, sino en el plano de las acciones particulares, objeto también de la prudencia. De ahí que, según el sentido del término *sýnesis*, en la lengua griega se llama a algunos *synéti*; esto es, *sensatos*, o *eusynéti*, o sea, *hombres de buen sentido*, y, por el contrario, a quienes carecen de esa virtud se les llama *asynéti*, o sea, insensatos.

1 Corintios 1:19 "Porque está escrito: Destruiré la sabiduría (*sophia*) de los sabios, y desecharé (*atheteo*) la inteligencia (*sýnesis*) de los entendidos" (*synetos*) (v. 19). Pablo cita al profeta Isaías para decirle a la iglesia corintia que Dios "hará perecer la sabiduría de los sabios" y hará desvanecer el discernimiento de los que disciernen. La cita viene de Isaías 29:14b, donde dice: "porque perecerá la sabiduría de sus sabios, y se desvanecerá la prudencia de sus prudentes".

Es un acto cognoscitivo por el que la razón (*nóus*) destaca, por encima de las demás, la acción que debe realizarse. Este acto engendra la virtud llamada *sýnesis*, que quiere decir *sensatez*, en otras palabras: sentenciar bien, juzgar rectamente, tener buen sentido, rechazando ideas y concepciones erróneas. A la *sensatez* se opone la *inconsideración o insensatez*.

La *sýnesis* es la captación inmediata de la eticidad de una acción. El sujeto sinético –la persona penetrante– aprehende rápidamente si una acción está en consonancia con la ley universal. El individuo sinético evalúa.

Una definición corta es "compresión", "entendimiento"; una definición más extensa es "reunir los hechos en la mente para entenderlos", "razonamiento inductivo" –para el creyente, *hecho a la luz de Dios*–, "amplia u holística comprensión", "discernimiento práctico", "el intelecto", "la inteligencia", "el *insight*".

Para darnos una idea, te invito a releer dónde aparece el término en el Nuevo Testamento y qué uso se le da. La versión que usaré es la clásica Reina-Valera 1960 (RVR1960):

Colosenses 1:9-10 dice: "Por lo cual también nosotros, desde el día que lo oímos, no cesamos de orar por vosotros, y de pedir que seáis llenos del conocimiento de su voluntad en toda sabiduría e inteligencia espiritual, para que andéis como es digno del Señor, agradándole en todo, llevando fruto en toda buena obra, y creciendo en el conocimiento de Dios".

Como vimos anteriormente, en el capítulo 2, el apóstol Pablo nos habla de la *Inteligencia espiritual*. Observa que esta se relaciona con la sabiduría y el conocimiento de Dios, por lo tanto, esto es un asunto de la mente espiritual. Efesios 1:17, 18 nos dice que la sabiduría y el conocimiento alumbran los ojos de nuestro entendimiento. Entonces, el entendimiento tiene ojos y el espíritu tiene inteligencia.

Cuando Jesús va a Jerusalén a los doce años, en el templo, estaban sorprendidos por su inteligencia. Dice el Evangelio de Lucas hablando de Jesús: "Y todos los que le oían, se maravillaban de su inteligencia y de sus respuestas" (Lucas 2:47).

En el conocido primer mandamiento de *amar a Dios sobre todas las cosas*, cuando Jesús expresa "con toda tu mente" dice *dianoia*. Sin embargo, el escriba, al parafrasear a Jesús en Marcos 12:33b, usa *sýnesis*. Razón es *nóus*. Que el amor a Dios atraviese todo el diámetro de nuestra mente, nuestra razón, nuestra inteligencia.

Ahora bien, otro término que se utiliza con el mismo significado es *syniémi* (considero, comprendo, entiendo, percibo). Proviene del prefijo *sýn*, "junto con" y *hiēmi*, "poner", es decir, "poner junto". Referido a ideas, "sintetizar en un sentido comprensivo", "arribar a un resumen o compresión final"; podemos completar la idea con aplicaciones a la vida cotidiana. Está relacionado con discernir y hacer la voluntad de Dios.

El entendimiento, la *Inteligencia espiritual* es la clave para la fructificación. En la *Parábola del Sembrador*, Jesús nos dejó esta clave para dar el fruto espiritual que, como cristianos, debemos anhelar.

La Palabra de Dios señala claramente que la espiritualidad verdadera está signada por la iluminación divina. Así, el apóstol Pablo afirma en 1 Corintios 2:14-15: "Pero el hombre natural no percibe las cosas que son del Espíritu de Dios, porque para él son locura, y no las puede entender, porque se han de discernir espiritualmente. En cambio el espiritual juzga todas las cosas; pero él no es juzgado de nadie". Y este discernimiento espiritual es precisamente la *Inteligencia espiritual*, la cual puede medirse por sus frutos. No así por los dones que son optativos. Los frutos, según Gálatas 5:22-23, son: amor, gozo, paz, paciencia, benignidad, bondad, fe, mansedumbre y templanza. Tampoco por las buenas obras, de acuerdo con Efesios 2:8-10: "Porque por gracia sois salvos por medio de la fe; y esto no de vosotros, pues es don de Dios; no por obras, para que nadie se gloríe. Porque somos hechura suya, creados en Cristo Jesús para buenas obras, las cuales Dios preparó de antemano para que anduviésemos en ellas".

Algunos ítems para experimentar la Inteligencia espiritual

eclesiástica

Haciendo un resumen de la nota de Reynaldo Estrada podemos asociar la inteligencia espiritual a la eclesiología cotidiana:

1) La *Inteligencia espiritual* es la facultad que te da el Espíritu Santo para que tu mente espiritual comprenda a Dios y las cosas de Dios.

2) ¿Qué es comprender? Es percibir mentalmente. Pablo dice en 1 Corintios 2:12 que "[...] nosotros hemos recibido el Espíritu que proviene de Dios, para que sepamos lo que Dios nos ha concedido". Si tú no sabes lo que Dios te ha concedido, no eres un inteligente espiritual. Tienes algo, sabes que lo tienes pero no te sirve, no lo puedes aprovechar, no lo usas. La Biblia en Oseas 4:6 dice: "Mi pueblo fue destruido, porque le faltó

conocimiento", en otras palabras, *Inteligencia espiritual*. Fue destruido, perdió lo que tenía, por falta de conocimiento.

Una historia verídica cuenta que en un pequeño pueblito rural vivían una viuda y su joven hijo. Un día, el hijo partió para la gran ciudad y, rápidamente, comenzó a trabajar y a estudiar. Cada mes, reservaba un monto de dinero para ayudar a su madre y se lo enviaba con una afectuosa carta. Pasó el tiempo y, habiendo tomado una mejor posición económica, cada mes le enviaba cien dólares. La madre, ya enferma, leía la carta y pegaba lo que creía era una foto en la pared como un cuadrito. Pasaron los años, y la mujer ya no podía salir de su rancho. Cuando entraron a verla, se encontraron con su cuerpo famélico tendido muerto en la cama y con decenas de "fotos" iguales pegadas en las paredes. La viuda no sabía acerca del valor de lo que tenía. No tener conocimiento la llevó a morir por desnutrición.

3) 2 Timoteo 1:7 dice que "Dios [...] nos ha dado espíritu de poder, de amor y de dominio propio". Esto es *Inteligencia espiritual*. Saber lo que tengo en Cristo y lo que él me ha dado. El cristiano que posee la *Inteligencia espiritual* jamás vive vacíos espirituales porque está lleno del pleno conocimiento de la palabra y del poder de Dios. Practica el dominio propio. Un cristiano con *Inteligencia espiritual* no es un niño fluctuante en la doctrina de la palabra de gracia. Un inteligente espiritual no es como la ola del mar que va y viene y nunca se detiene. Él es firme, objetivo y estable. Aunque decida hacer cambios; él vive y disfruta de la gracia de Dios que lo guía.

4) El que tiene *Inteligencia espiritual*, entiende la Palabra de Dios; la interpreta, la percibe, la conoce. Jesús dijo en Juan 6:63: "El espíritu es el que da vida; la carne para nada aprovecha; las palabras que yo os he hablado son

espíritu y son vida". ¿En dónde se desarrolla la *Inteligencia espiritual*? En la Palabra. La Palabra es la que sustenta tu *Inteligencia espiritual*.

5) Entonces, ¿cómo obtengo *Inteligencia espiritual*? Pablo dice en Romanos 8:5 que "[…] los que son del Espíritu, piensan en las cosas del Espíritu", y en Filipenses 4:8 dice: "Por lo demás, hermanos, todo lo que es verdadero, todo lo honesto, todo lo justo, todo lo puro, todo lo amable, todo lo que es de buen nombre, si hay virtud alguna, si algo digno de alabanza, en esto pensad". Por lo tanto, la obtienes direccionando tus pensamientos en este sentido.

6) Conforme a lo que tú piensas, así vives. ¿Y cómo hago yo para hacer morir las obras de la carne? Romanos 8:13 dice: "[…] mas si por el Espíritu hacéis morir las obras de la carne, viviréis". Esto es *Inteligencia espiritual*. La supremacía del Espíritu por sobre la carne, lo vano. Claramente, la supremacía del Espíritu es del Espíritu de Dios. No es para la vanagloria de quien la pide y la recibe. No es la supremacía de la persona o de la carne sino la de Dios.

7) Hay tres ingredientes que posee la *Inteligencia espiritual*: intuición espiritual, comunión espiritual y conciencia espiritual. El espíritu posee estas tres funciones. No significa que *sea* estas tres cosas; pero sí que *tiene* estas tres capacidades. Nuestro espíritu no es material; existe independientemente de nuestro cuerpo. Vive más allá del cuerpo, es eterno. Verifica cómo está tu intuición, tu discernimiento espiritual, tu comunicación con otros y con Dios. Entonces, serás consciente de lo que pasa en el ámbito no material: en el vínculo, en el sentir propio, en el entorno, en el sentir espiritual de otros.

Inteligencia espiritual y conciencia de la Biblia

Como dijimos, *Synéis* es comprensión. La *syneidésis* es la conciencia psicológica o el "darse cuenta" (Romanos 2:14-15). Tener conciencia de sí y del valor moral o religioso de los propios actos.

La *syneidésis* es la conciencia íntima, es el testimonio interior sobre los principios fundamentales de la ley moral. Los seres humanos tenemos conciencia por haber sido creados a imagen y semejanza de la divinidad. Las otras criaturas no poseen esta cualidad. Por ello es que todas las personas tienen esta capacidad dada por Dios para discernir entre el bien y el mal, pues cada uno es un agente moral libre (cf. Juan 1:4,7,9; Génesis 1:26-27). Es como tener incorporado un semáforo (prohibido, alerta, permitido) o conciencia de bien y de mal. En psicología, lo conocemos como proceso de inhibir o reprimir. Discernir significa: separar, cernir, colar; apartar lo bueno de lo malo.

La conciencia es esa facultad de la mente que nos dota de un sentido innato del bien y del mal, por el cual juzgamos el carácter moral de la conducta humana. Como ya dijimos, es común a todos los seres humanos. Como todas nuestras otras facultades, se ha pervertido por la caída (Juan 16:2; Hechos 26:9; Romanos 2:15). El Diccionario de la Real Academia Española (RAE) define a la conciencia como "el conocimiento interior del bien y del mal".

Este concepto ha sido adoptado por las diversas tradiciones religiosas, en las que la conciencia siempre está relacionada con la aceptación de la voluntad divina. Como tal, la conciencia se ha explicado popularmente como *la voz interior de Dios* que apunta a que una persona haga lo correcto.

La Inteligencia espiritual y "el celular de Dios"

Acerca del director técnico de fútbol argentino, Carlos Bianchi, se decía que, además de su capacidad, tuvo ese toque de "fortuna" que lo catalogó como leyenda, cuya expresión popular era: "tiene el celular de Dios". Era como si estuviera "sintonizado" con él.

Hay un personaje del pueblo hebreo, muy famoso: el rey Salomón. Su fama derivaba de su sabiduría. Estoy convencida que este monarca poseía *Inteligencia espiritual*. En el relato de 1 Reyes 3:5-12, Dios se le aparece en un sueño a Salomón, y el rey le cuenta de sus problemas: el hecho de ser joven le dificultaba mucho dirigir a un pueblo tan grande. Entonces, le pide a Dios un corazón *entendido* para juzgar a su pueblo, y para discernir entre lo bueno y lo malo. Y a Dios le agradó este pedido.

¿Notaste algo interesante? Salomón pidió gracia e *Inteligencia espiritual* para el propósito que Dios le había dado. Requirió un corazón entendido. ¿Cuál es el término hebreo que se utiliza aquí, dado que el Antiguo Testamento se escribió fundamentalmente en ese idioma? Es la palabra hebrea *shemá* que significa "escuchar con inteligencia, discerniendo con atención y obediencia para tomar las decisiones correctas".

Shemá posee todos estos significados: entendimiento, entender, entendido, oír inteligentemente, prestando atención, oído, advertir, anunciar, atención, atender, atentamente, atento, conceder, consentir, contar, convenir, convocar, decir, declarar, discernir, divulgar, dócil, exclamar, fielmente, juntar, llegar, mirar, obedecer, obediente, obediencia, pregonar, proclamar, publicar, recibir, resonar, saber, sonar, testigo. Claramente tendrá que verse la traducción en su contexto.

A Dios le agradó porque no pidió riquezas, ni la vida de sus enemigos, sino que pidió *inteligencia para oír juicio*. Y le dio un corazón sabio y entendido, tanto que no ha habido antes ni habrá después alguien tan sabio como Salomón.

Las palabras claves *inteligencia para oír juicio* significan "oír inteligentemente con el propósito de obedecer", y conllevan la idea de poner en práctica lo que uno ha escuchado. ¡Es como si le hubiese pedido "el teléfono celular a Dios"!

Salomón no pidió conocimientos, ni inteligencia para beneficio propio; no fue famoso por su Coeficiente Intelectual, sino que fue lo suficientemente inteligente y espiritual como para solicitar sabiduría –*Inteligencia espiritual*– que es aquella que se utiliza para servir en la función a la que Dios nos llama. En el caso de Salomón, para impartir justicia, una tarea fundamental en los reyes de ese tiempo. Lo primero que se esperaba de un monarca, en tiempos de paz, era que supiera arbitrar conflictos entre personas. El tipo de inteligencia que los creyentes deben pedir es la que va a ir ligada al llamado que Dios les hizo para hacer su voluntad.

El General José de San Martín (1778-1850), prócer argentino, expresó: "Serás lo que debas ser, y si no, no serás nada". Tal expresión nos invita a todos, creyentes o no, a utilizar nuestra *Inteligencia espiritual* para descubrir el sentido de nuestra vida, luego aferrarnos a ese propósito y cumplir con ese designio trascendental. Los que son fieles a esta vocación alcanzan su autorrealización, de lo contrario, literalmente, "serán nada" o una cosa muy diferente de aquella a la que estaban destinados.

Los resultados del ejercicio de la Inteligencia espiritual

Volviendo al ejemplo del rey Salomón, un día se encontró frente al siguiente episodio muy difícil de resolver: "En aquel tiempo vinieron al rey dos mujeres rameras, y se presentaron delante de él. Y dijo una de ellas: ¡Ah, señor mío! Yo y esta mujer morábamos en una misma casa, y yo di a luz estando con ella en la casa. Aconteció al tercer día después de dar yo a luz, que ésta dio a luz también, y morábamos nosotras juntas; ninguno de fuera estaba en casa, sino nosotras dos en la casa. Y una noche el hijo de esta mujer murió, porque ella se acostó sobre él. Y se levantó a medianoche y tomó a mi hijo de junto a mí, estando yo tu sierva durmiendo, y lo puso a su lado, y puso al lado mío su hijo muerto". (1 Reyes 3:16-20). Y allí se pusieron a discutir las mujeres delante de Salomón.

Salomón se encontraba en una situación en la cual necesitaba mucho más que la inteligencia de índole racional. ¿Cómo se podía saber de quién era el hijo?

El relato bíblico continúa diciendo: "Y dijo el rey: Traedme una espada. Y trajeron al rey una espada. En seguida el rey dijo: Partid por medio al niño vivo, y dad la mitad a la una, y la otra mitad a la otra. Entonces la mujer de quién era el hijo vivo, habló al rey (porque sus entrañas se le conmovieron por su hijo), y dijo: ¡Ah, señor mío! Dad a ésta el niño vivo, y no lo matéis. Mas la otra dijo: Ni a mí ni a ti; partidlo". (1 Reyes 3:24-26).

Salomón pudo discernir la actitud de cada mujer y le dio el hijo a su verdadera madre. Prestemos atención al modo de actuar de Salomón. Hubiera podido despedir a las dos mujeres, después de todo, eran dos prostitutas. Sin embargo, buscó una madre. Tuvo la empatía necesaria para ponerse en el lugar maternal, la creatividad y la capacidad para desafiar las reglas. Por eso inventó una solución que la ley no indicaba. Amó. Tuvo misericordia. Entendió. Todas ellas, características propias de la *Inteligencia espiritual*. Y el pueblo entendió que su rey miraba a las personas con la misma comprensión de Dios, el que sondea el corazón de todos.

Como vemos, Salomón mostró tener esta *Inteligencia espiritual shemá* que le fue útil para solucionar el dilema. En nuestros tiempos, también es útil para cada uno en nuestro rol o tarea para la toma de decisiones.

Otra situación bíblica que podemos mencionar en la que es utilizada la palabra *shemá* ocurre cuando Moisés le habló al pueblo de parte de Dios. Le dio mandamientos, estatutos y decretos, pero comenzó con algo fundamental: el famoso *shemá*. En Deuteronomio 6:4-5 leemos que la primera palabra que suena es: "*Oye*, Israel: Jehová nuestro Dios, Jehová uno es. Y amarás a Jehová tu Dios de todo tu corazón, y de toda tu alma, y con todas tus fuerzas".

La religión cristiana en Argentina

Cito brevemente algunos datos de la "Primera Encuesta sobre Creencias y Actitudes Religiosas en Argentina", realizada por el CONICET [39], bajo la dirección del Dr. Fortunato Mallimaci. Los datos fueron relevados entre enero y febrero, y fue publicada en agosto de 2008 con 2.403 casos de algunas provincias:

- Algunos resultados arrojados aseguran que 9 de 10 personas creen en Dios. Más mujeres que hombres.
- A mayor cantidad de habitantes en las ciudades, más bajo es el porcentaje de creencia en Dios.
- La gran mayoría cree que Dios es un Ser Superior y creador. Recurren a él en momentos de sufrimiento.
- Aproximadamente, el 87% se declaran cristianos. Más del 91% cree en Jesucristo y el 98% ha sido bautizado.

También se miden otros ítems que, suponemos, deben haber sido modificados, no solo por el paso del tiempo, otras provincias o cantidad de habitantes sino también por la asunción del Papa Francisco en 2013.

Resumen

- En la actualidad, la mayoría de las personas se encuentran en búsqueda de la espiritualidad,

---

[39] Consejo Nacional de Investigaciones Científicas y Técnicas (CONICET).

especialmente a través de la religión. El encontrar la espiritualidad es una experiencia personal. Encontrar la espiritualidad a través de la música, la poesía, la literatura, el contacto con la naturaleza o las relaciones íntimas son caminos que hoy conforman a muchos.

- Las personas ligadas a la regularidad y disciplina de una religión tienen menos riesgos de sufrir desórdenes psicológicos que aquellos que no canalizan su espiritualidad a través de la práctica religiosa comunitaria.

- El psiquiatra Víctor Frankl desarrolla la idea de una religiosidad inconsciente. El inconsciente espiritual no se halla a nivel instintivo. No será, por lo tanto, que uno se sienta arrastrado hacia Dios, sino que ha de decidirse por él o en contra de él.

- El Dr. En Psicología y pastor Jorge León asevera que la base de la humanidad reside en haber sido creado *a imagen y semejanza de Dios* y que ella es el motor de la tendencia espiritual.

- Cuando el apóstol Pablo ora para que sus amigos tengan sabiduría e inteligencia, está pidiendo que entiendan las grandes verdades del cristianismo, que sean capaces de aplicar esas verdades a las labores y decisiones de la vida cotidiana.

- La *Inteligencia espiritual* puede medirse por sus frutos. Según Gálatas 5:22-23, estos son: amor, gozo, paz, paciencia, benignidad, bondad, fe, mansedumbre y templanza.

- Hay tres ingredientes que posee la *Inteligencia espiritual* y estos son: intuición espiritual, comunión espiritual y conciencia espiritual.

- El rey Salomón pidió gracia e *Inteligencia espiritual* para el propósito que Dios le había dado. Lo que significó: "escuchar con inteligencia, discerniendo con atención y obediencia para tomar las decisiones correctas".

Capítulo 9

PSICOPATOLOGÍA DE LA ESPIRITUALIDAD

Pues ya que en la sabiduría de Dios, el mundo no conoció a Dios mediante la sabiduría, agradó a Dios salvar a los creyentes por la locura de la predicación.
1 Corintios 1:21

De músico, poeta y loco, todos tenemos un poco. Dicho Popular Nadie actúa siempre racionalmente, puesto que en su conducta a veces irrumpen sin control las fuerzas típicamente ilógicas del arte (música), el amor (poesía) o la locura.
Centro Cervantes

¿Qué culpa tiene la culpa?

¿Existe una espiritualidad patológica, pseudoespiritualidad o espiritualidad infantil? Podemos pensar que cultivar este tipo de espiritualidad no es sano para el ser humano.

¿Qué es la culpa? Según el *Diccionario de la Real Academia Española*, la culpa psicológica es la "acción u omisión que provoca un sentimiento de responsabilidad por un daño causado". Uno se inclinaría a pensar que eso sucede cuando vulneramos una norma externa, lo que conlleva una sanción. Sin embargo, es suficiente con que el sentimiento o la acción se encuentren en contradicción con lo que consideramos "correcto", con nuestro propio sistema de valores.

Dado que la culpa tiene "mala prensa", muchos especialistas en salud mental consideran que es una emoción dañina y que, en todo caso, lo que es necesario es sentirnos responsables de nuestros errores, pero no culpables de ellos.

Ciertamente, la responsabilidad, que significa "responder por", es parte de la *Inteligencia espiritual*; no obstante, el sentimiento de culpa es una señal que me advierte que no he hecho lo correcto, es una señal de alerta frente al peligro entre otras cosas, de la culpa

Ahora bien, ¿recordás que hablamos de la conciencia y su relación con la *Inteligencia espiritual*, en tanto se expresa como el discernimiento sobre el valor moral de una acción ya sea exteriorizada como interiorizada (pensamiento)? Pues bien, hay vivencias de culpa injustificadas que hablan de una verdadera patología de la conciencia y, por lo tanto, no podríamos enmarcarla dentro de la *Inteligencia espiritual*.

El sentimiento de culpa justificado se da cuando se asocia con el daño que se les puede hacer a otras personas como resultado del mal uso de nuestra libertad. Por el contrario, el sentimiento no justificado o culpa neurótica, patológica, son los sentimientos que no responden al daño intencionado sino que son producto de la inmadurez de nuestra conciencia por responder a un sistema inflexible de valores, o a un egocentrismo excesivamente grande que se exige a sí mismo como superioridad moral, una exigencia de autoperfección.

Este gran ego le exige una perfección imposible de cumplir. Esta culpa no puede ser cancelada por el perdón ya que la persona no se siente perdonada, con lo cual nos quedamos "rumiando" en el pasado, empobreciendo nuestra vida, no permitiéndonos aprender de nuestros errores, dañando nuestra autoestima.

Ahora bien, señal de *Inteligencia espiritual* saludable es que si la culpa se presenta por haber sido incoherentes con nuestro sistema de valores, habremos de responsabilizarnos de las consecuencias, arrepentirnos, reparar lo que esté a nuestro alcance y pedir perdón a quien haya resultado dañado.

Ahí sí, podemos decir que la culpa en sí misma no sirve, si no nos mueve al arrepentimiento y a la renovación, procurando opciones adecuadas que intenten reparar el daño ocasionado y nos permitan crecer, lo cual requiere una actitud de humildad.

¿Soy acaso el guardián de mi hermano?

Como hemos visto cuando hablamos de la psicopatía, también existe la condición contraria donde la conciencia se pervierte impidiendo la formación de juicios éticos.

Pero también tenemos que admitir que aún sabiendo discernir correctamente entre el bien y el mal, a menudo optamos por lo segundo. Tenemos libertad para optar. En consecuencia, debemos reconocer humildemente que aplicamos escasamente nuestra *Inteligencia espiritual*, aún aquellos que la han desarrollado en gran manera.

Así lo expresa el mismísimo San Pablo en Romanos 7:18 y 19: "Y yo sé que en mí, esto es, en mi carne, no mora el bien; porque el querer el bien está en mí, pero no el hacerlo. Porque no hago el bien que quiero, sino el mal que no quiero, eso hago".

La famosa pregunta/respuesta que Caín le formula a Dios en la narración a los comienzos de los tiempos bíblicos aparece cuando el Omnipotente le pregunta dónde está Abel. Luego de que Caín lo asesinase, es clave en la evidencia de su falta de *Inteligencia espiritual*, siendo que su falta del sentido de la responsabilidad hacia el prójimo es causa del fratricidio. Pues la comunidad humana sólo es posible si respondemos afirmativamente a la pregunta de Caín, *soy guardián de mi hermano*.

Al respecto, Zygmunt Bauman expresa que "la aceptación del precepto de amar al prójimo es el acta de nacimiento de la humanidad. Todas las otras rutinas de la cohabitación humana, así como sus reglas preestablecidas o descubiertas retrospectivamente, son sólo una lista (nunca completa) de notas al pie de página de ese precepto. Si este precepto fuera ignorado o desechado, no habría nadie que construyera esa lista o evaluara su completitud"[40].

Simon Weil también nos advierte: "Hay obligación hacia todo ser humano por el mero hecho de serlo, sin que intervenga ninguna otra condición, e incluso aunque el ser humano mismo no reconozca obligación alguna""[41]. De lo contrario, nos estamos despojando de nuestra propia humanidad, al dejar de lado este aspecto central de la espiritualidad.

Ahora bien, resulta importante aclarar que, para el inteligente espiritual, la responsabilidad, a su vez, puede o no estar atada a la culpa. Lo está cuando somos causantes de transgresión u omisión y de nosotros depende la secuencia de los perjuicios causados.

Pero podemos considerarnos responsables frente a hechos o estructuras injustas, estructuras de pecado, y sentirnos llamados a luchar por su transformación sin que tengamos que asumir la culpa por la existencia de ese daño o por el funcionamiento de esa estructura. En ese sentido, la noción de responsabilidad es una conducta, actitud o disposición para actuar, mayor y más vasta que la mera culpabilidad.

Este esclarecimiento lo ha ilustrado muy bien el pastor luterano alemán Martín Niemöller (1892-1984), conocido como autor del poema *Cuando los nazis vinieron por los comunistas.*

---

[40] Zygmunt Bauman, *Amor líquido,* 2005, Madrid: Fondo de Cultura Económica, 106.
[41] Simon Weil, Echar raíces, 1996, Madrid: Trotta, 24.

122

En realidad, éste no se trataba originalmente de un poema, sino del sermón "¿Qué hubiera dicho Jesucristo?", pronunciado en la Semana Santa de 1946 en Alemania. Este poema se lo han atribuido erróneamente en muchas ocasiones, al dramaturgo y poeta alemán Bertolt Brecht:

Cuando los nazis vinieron a llevarse a los comunistas,
guardé silencio,
porque yo no era comunista,

Cuando encarcelaron a los socialdemócratas
guardé silencio,
porque yo no era socialdemócrata,

Cuando vinieron a buscar a los sindicalistas,
no protesté,
porque yo no era sindicalista,

Cuando vinieron a llevarse a los judíos,
no protesté,
porque yo no era judío,

Cuando vinieron a buscarme,
no había nadie más que pudiera protestar.

El poema anterior tuvo otro sentido para mí al visitar en Israel el Museo del Holocausto. Es impresionante ver cantidad de fotos, elementos, documentos. Algo que me hizo notar la creatividad de algunos padres judíos para no perder su identidad. En una figura de un patito de juguete hecho con madera de 5 milímetros de espesor habían cavado delicadamente su interior para guardar los documentos de identidad que se conservaron hasta hoy. Aunque esto parece una historia simpática, el horror tiñe el maravilloso y moderno edificio cuando uno lo va transitando. Hay un aviso que dice que cada cuatro meses se renuevan "las reliquias" de ese nefasto tiempo, debido a la gran cantidad de documentación encontrada.

La espiritualidad auténtica y la falsa

Así, expresiones humanas idénticas pueden tener, en realidad, una motivación y un significado distinto. Esto es, cuando la esencia espiritual de una manifestación no coincide con su mecanismo de realización.

Por ello, el psiquiatra G. W. Alport distingue dos formas de religiosidad: la extrínseca y la intrínseca. En el primer caso la religión se encuentra al servicio de fines egocéntricos. En el segundo, en cambio, es la espiritualidad la que sirve a la persona y no la persona la que se sirve de ella.

No es lo mismo, por ejemplo, la virtud de la obediencia que la pasividad con su renuncia a asumir las responsabilidades que nos incumben. La castidad puede estar ocultando un miedo a la sexualidad. Un rito puede ser algo meramente exterior y, por tanto, desprovisto de eficacia.

La forma en la que se vive la espiritualidad depende de la madurez de su *Inteligencia espiritual.*

Así, la persona inmadura es egocéntrica y entiende que su cosmovisión es la única verdad. La espiritualidad plena, en cambio, hace que el sujeto sea capaz de aceptar otras visiones y no menoscabe la dignidad de los demás cuando éstos no comparten sus mismas posturas ante la vida, respetando la diversidad. En la sana espiritualidad el ser humano expresa su esencia.

Por último, debemos tener en cuenta que una espiritualidad superada por las cuestiones del mundo la empobrecen, del mismo modo que aquella que no tiene en cuenta al mundo ni se siente responsable por lo que en él sucede. Entre estas dos tensiones navega la *Inteligencia espiritual.* Al respecto, recordamos la carta donde el apóstol Pablo le escribe estas famosas frases a la Iglesia en Corinto:

"Si yo hablase lenguas humanas y angélicas, y no tengo amor, vengo a ser como metal que resuena, o címbalo que retiñe.

Y si tuviese profecía, y entendiese todos los misterios y toda ciencia, y si tuviese toda la fe, de tal manera que trasladase los montes, y no tengo amor, nada soy.

Y si repartiese todos mis bienes para dar de comer a los pobres, y si entregase mi cuerpo para ser quemado, y no tengo amor, de nada me sirve".

Psicopatías que se relacionan con la espiritualidad

Dentro de los trastornos específicos de la forma del pensamiento se cita la **verbigeración** (la repetición sin sentido de determinadas frases o palabras). La confusión con el don de lenguas es muy frecuente. Existen diferentes idiomas y lenguajes. Por el país o zona geográfica distinguimos que latinos, anglosajones o asiáticos poseen culturas e idiomas diferentes. También existen lenguajes corporales o gestuales diferentes.

Paul Ekman, uno de los cien psicólogos más importantes del mundo, siguió los pasos del estudio de Margaret Mead, antropóloga cultural.

Mead luego de sus arduas tareas en otras etnias y haciendo pruebas en diferentes continentes consignó como universales las expresiones faciales que expresan la ira, la repugnancia, la alegría, la tristeza y el miedo. Ambos afirman entonces, que el lenguaje oral o escrito nos divide.

El don de lenguas está descripto en el libro de Corintios como un idioma que algunos pueden entender aun cuando el que habla pueda o no comprender lo que dice.

Los argentinos en general, comprendemos algunas palabras, frases o intenciones de los brasileros. Cantamos algunas partes de canciones, pedimos alguna comida pero necesitamos aprender el idioma si quisiéramos dar una conferencia. Recuerdo por los años 80 que un conferencista religioso argentino, que no hablaba portugués, se presentó a un auditorio multitudinario, saludó en español y esperó al traductor que creía que le habían preparado. El traductor nunca concurrió. A partir de allí el argentino habló en perfecto portugués, hasta contó algunos chistes y el auditorio reía. Bajando de la plataforma luego de casi una hora de disertación, volvió a su 'portuñol' de siempre.

Esto es similar a lo que se cuenta del pentecostés, donde los judíos hablaban lenguas que los extranjeros comprendían pero que para ellos era una novedad.

La **glosolalia o criptolalia**, como un mensaje encriptado, es confundida también con el don de lenguas por algunos autores como Sadock-Sadock[42], pero la descripción se relaciona más con las profecías. El mensaje es revelador, inédito y las palabras son ininteligibles. Como cuenta San Pablo que en la iglesia de Corinto algunos hablaban de anuncios especiales pero necesitaban de la interpretación para que sea comprensible a otros. La interpretación también puede hacerla el mismo que habla en lenguas. Pero además dice que si los espirituales hablan en lenguas todos juntos, en un mismo lugar y lo ve algún indocto o incrédulo con toda seguridad dirá que "están todos locos". Por eso, es necesario entender que estas costumbres deben ser para enseñar a otros, para contribuir al desarrollo, para aportar.

Estos son llamados trastornos del pensamiento desde lo cognitivo, pero tienen que ver más con el lenguaje. Veamos ahora específicamente algunos trastornos descriptos como ideas delirantes.

Ideas delirantes paranoides, en especial las llamadas de referencia. Son creencias falsas de que la conducta de los

---

[42] Sinopsis de Psiquiatría A. Kaplan. Compilador.

demás se refiere a uno mismo, que los sucesos, los objetos o el resto de la gente tienen un significado infrecuente y particular, en general, de naturaleza negativa. Derivan de la idea de referencia en la que se cree erróneamente que los demás hablan de uno. Muchas veces he escuchado a personas que durante una misa o un culto se sienten "tocadas" por el ritual o por las palabras de quien preside la ceremonia. Al salir del templo comentan: "el cura lo dijo por mí" o "¿cómo supo el pastor que eso me sucedió?". Se sienten aludidos, en especial, si lo contaron en confesión, en la confidencia de una entrevista pastoral o se lo dijeron a alguien. En general, es una casualidad o toman para sí aquello por lo que se sienten aludidos.

La mitología cuenta la historia del oráculo. El oráculo era una persona influyente en temas espirituales. Conocía el futuro, guiaba a los reyes y gobernantes. Un rey fue a la consulta con el oráculo y le preguntó si debía ir o no a la guerra con el pueblo vecino para poseer unas tierras. El oráculo, luego de los rituales de costumbre, se expidió con sólo una frase: "habrá muchos muertos". El rey decidió en ese momento preparar a su ejército. El rey había calculado que los enemigos eran más poderosos en armas y en soldados, pero la voz del oráculo era su garantía y fueron a la guerra. Las horas y los días fueron tortuosos. El rey vio morir uno a uno a sus camaradas. Sintió que su pecho se estrujaba por la pérdida de las tierras pero mucho más porque su ejército había sido destruido casi en su totalidad. Miles de hombres muertos que dejaban al reino en la ruina. Al volver casi solo y cabizbajo pensó que sería necesaria una generación entera para que el reino recuperara su ejército. Se culpó por una decisión tan insensata. Todos en el reino sabían que no poseían las armas ni la gente suficiente. Su pueblo lo odiaría para siempre. No era digno de ser el rey. Inmediatamente vino a su mente la frase del oráculo por la cual tomo semejante decisión. Aceleró el paso, el corazón le latía con una fuerte sed de justicia. Directamente llegó a casa del oráculo a acusarlo por su tan desacertada frase: "dijiste que habría muchos muertos" le grito al bajar de su caballo. El oráculo lento y ceremonioso respondió: "yo no dije de qué lado estarían los muertos".

Así sucede con la palabra espiritual. Cada uno toma para sí lo que cree que le pertenece. La responsabilidad no es del orador sino de quien lo oye.

Dentro de las ideas delirantes de control existen dos trastornos similares: la **inserción del pensamiento** y el **control del pensamiento**. Mientras que la inserción de pensamiento son ideas delirantes de que los pensamientos son implantados en la mente por personas o por fuerzas externas, el control de pensamiento son ideas delirantes de que el pensamiento propio es controlado por otras personas o fuerzas externas.

Existen muchos otros trastornos mentales relacionados con la fe que será desarrollado en un libro sobre psicopatologías cristianas de pronta aparición.

Los tiempos han cambiado las teorías en salud. Antes eran endemoniados para echar de las ciudades o poblados, luego delirantes o locos para encerrar, ahora entendemos que los límites pueden confundirse. Puede una cosa llevar a la otra.

Existen más de 80 estudios seriamente avalados y publicados que dan evidencia de que las personas espirituales o religiosas sufren menores niveles de "depresión mayor" y menos "ansiedad"[43] aún frente al sufrimiento de enfermedades médicas inclusive crónicas o terminales. Los sujetos que recibían psicoterapia religiosa tuvieron menor nivel de ansiedad y resolución de su problemática en períodos más cortos que los que solo recibieron psicoterapia de apoyo no religiosa. Dentro de estos cuadros de ansiedad, también se incluyen estudios sobre el "estrés postraumático" con efectos

---

[43] McCullough ME, Larson DB. Religion and depression: A review of the literature. Twin Research 1999; 2:126-136. Publicado por Nicolás Rodríguez del Real (Rev GPU 2011; 7; 2:205-213).

128

positivos en la recuperación de los síntomas y el tratamiento de sus causas.

La participación en grupos religiosos reduce el riesgo de suicidio. Tanto un estudio reciente realizado en Estados Unidos como uno publicado hace 40 años reflejaron que el porcentaje de personas que se suicidan y no acudían a ningún servicio religioso es cuatro veces mayor que quienes sí frecuentaban actividades religiosas[44].

Una investigación mostró que una visita o charla con amigos no reduce el riesgo de suicidio, mientras que la participación frecuente a un culto religioso o a un grupo religioso sí.

La **esquizofrenia** es una enfermedad psiquiátrica que compromete el desarrollo social e individual. La religiosidad tiene sobre las personas afectadas un impacto muy positivo, aún mucho más si el paciente cuenta con referentes cercanos como familiares o amigos religiosos. Comprobamos que las personas con esquizofrenia, tanto jóvenes como mayores, tratadas en este contexto tuvieron una contención mayor y una remisión significativa en menor tiempo. La esperanza y el sentido de confort debido a sus creencias en un marco referencial de comprensión y espiritualidad hicieron la gran diferencia en los resultados a lo largo del tiempo.

A esta altura sabemos que las enseñanzas religiosas, las creencias, la meditación, las oraciones permiten sobrellevar situaciones estresantes de la vida diaria o crisis puntuales; pero en la revista Mental Health Spirituality Comunity Care, Nicolás Rodriguez Real explica lo que se ha dado en llamar

---

[44] Shaw A, Joseph S, Linley PA. Religion, spirituality, and posttraumatic growth: a systematic review: Mental Health, Religion & Culture 2005; 8; 1:1-11 y Nisbet PA, Duberstein PR, Yeates C, *et al*. The effect of participation in religious activities on suicide versus natural death in adults 50 and older. Journal of Nervous and Mental Disease 2000; 188:543-546 citados por Nicolás Rodríguez del Real (Rev GPU 2011; 7; 2:205-213).

coping, traducido como *estilos de afrontamiento relacionado con la espiritualidad.*

Algunos estilos se describen a continuación:

El estilo de interacción con Dios cuando surge un problema, o sea que el individuo debe asociarse a su ser superior para hallar la solución.

- El estilo de delegar,o sea que le delega toda la resolución de su problema a Dios, tomando un rol pasivo no intervencionista sino confiando que, sin su intervención ni colaboración, Dios lo resolverá todo.
- Otro estilo es el de actor: el individuo asume que es el responsable de resolver el problema pero confía en que mientras vaya actuando, hallará las herramientas que Dios le proveerá para poder actuar, le dará la letra.
- Hay otro sistema de pasividad o actividad dirigida en que se espera que el milagro se produzca sobre el individuo, sobre la situación o el contexto o a través de terceras personas.

Es necesario comprender que según sean las enseñanzas y los aprendizajes religiosos tanto teóricos como prácticos será la concepción de la enfermedad. Algunos consideran que ayudar al enfermo es un don divino y otros consideran que el enfermo sufre de un mal o una maldición atribuida a Dios.

Lo cierto es que pertenecer a una comunidad o grupo religioso debe promover al bienestar y a la salud individual y del conjunto. El individuo debe sentirse protegido, con una cómoda autoestima, acompañado en tiempos de dolor, aconsejado frente a la adversidad, compartiendo sus logros, fortalecido en sociabilidad, no excluido, no aislado. La fe implica empatía y escucha. Las personas deben sentir paz interior, pertenencia, descanso del alma. Lo contrario a esto es una espiritualidad negativa, sectaria, exclusivista.

Esto es igual para sanos o enfermos. Ambos deben sentirse confortados fisiológicamente. Los resultados de la práctica de una correcta espiritualidad, porque la hay incorrecta, conlleva niveles óptimos de estrés: motivacionales pero no ambiciosos. El Fetzer Institute de Kalamazoo, fundado por John E. Fetzer, es una organización sin fines de lucro que está dedicada a investigar y difundir entre las diferentes culturas los beneficios de la práctica del amor, el perdón, la esperanza. Consideran que estos son valores centrales en el entramado de la humanidad. Este Instituto ratificó su hipótesis hace unos años cuando hicieron una larga encuesta para completar una investigación sobre los beneficios de la práctica de la espiritualidad, de congregarse en un grupo afín a su propia religión, a tener prácticas comunitarias y también privadas de meditación, oración, ayuda al prójimo, entre otras actitudes positivas.

Ciertamente, se produce un problema cuando los profesionales no consideran la cultura o costumbres del paciente. En las universidades que conozco se tiene en cuenta que los egresados consideren a la persona por sobre su posición económica o política. Argentina es un país de puertas abiertas, cada vez más las etnias se nuclean en barrios, la inmigración comparte consumos y costumbres. Sin embargo, considerar al paciente con su propia espiritualidad es difícil. La experiencia muestra que hay profesiones en las que contar con alguien cuyos valores y creencias sean acordes al cliente es fundamental. Una de ellas es la psicología, en especial para el trato de adolescentes y jóvenes.

De la misma manera, en el siglo XXI no se comprende que religiosos digan que "no creen en la psicología". Recuerdo a mi querida profesora Jorgelina en la facultad de psicología, ella enseñaba técnicas psicodiagnósticas y en la primera clase de presentación hizo que cada alumno dijera unas palabras. Yo con cara de desconfianza dije: "Yo no creo en esto de los tests". Ella dulcemente me respondió: "Querida, esto no es cuestión de dogmas ni de fe, espere los resultados y vea si le sirve para ayudar mejor a sus pacientes".

De la misma manera, les digo a los religiosos que dudan en derivar algún caso a profesionales psicólogos espirituales: "Espere los resultados, *por sus frutos los conocerán* y los evaluarán". La colaboración entre ciencia y fe es fundamental para el bienestar humano.

Vivimos en occidente donde casi el 90% de las personas tienen fe en un Dios. La fe judía y la cristiana son consideradas básicas en nuestra sociedad. Será necesario que ya sea como profesionales o como pacientes podamos dejar la soberbia y pensar que somos solo seres humanos. Somos seres espirituales en primer lugar, eso nos hace humanos.

Gracias al aliento de profesionales, asociaciones, alumnos y ex alumnos cristianos, pude iniciar en Argentina la agrupación Psicología Cristiana[45], al servicio de profesionales y estudiantes de carreras relacionadas con la psicología, para darles apoyo, supervisión y capacitación a fin de servir mejor desde sus tareas en consultorios o iglesias, con individuos o grupos.

La motivación para esto fue que al transitar la profesión he visto la diferencia entre contar con un apoyo espiritual o no contar con él. La fe, el compromiso, la responsabilidad frente a la autoridad divina, entre otras cosas, hace que se sobrelleve el dolor, el trauma, la angustia de una manera diferente. El alma humana padece de la misma manera pero la resolución va por caminos diferentes.

Destaco, cuando enseño Psicología Cristiana, algunos casos de personas que frente a la adversidad resolvieron creer en un ser superior y depender de él. Personas que descubren el refugio de la fe. Siempre ofrezco mi oración a su favor y varios me piden que rece por ellos y su conflicto. Es emocionante

---

[45] www.psicristiana.com

saber que como profesional existe la posibilidad de ayudar de esta simple y real manera.

Resumen

- No es sano para el ser humano cultivar una espiritualidad patológica.
- Existen muchos trastornos mentales relacionados con la fe.
- Las enseñanzas religiosas, las creencias, la meditación, las oraciones permiten sobrellevar situaciones estresantes de la vida diaria o crisis puntuales.
- Una señal de *Inteligencia espiritual* saludable se vislumbra cuando la culpa se presenta por haber sido incoherentes con nuestro
- sistema de valores, habremos de responsabilizarnos de las consecuencias, arrepentirnos, reparar lo que esté a nuestro alcance y pedimos perdón a quien haya resultado dañado.
- La colaboración entre ciencia y fe es fundamental para el bienestar humano.
- Somos seres espirituales en primer lugar, eso nos hace humanos.

Capítulo 10

LOS BENEFICIOS DE DESARROLLAR LA INTELIGENCIA ESPIRITUAL

Con Dios está la sabiduría y el poder;
suyo es el consejo y la inteligencia.

Job 12:13

Desde que se tiene registro en la historia de la humanidad, la espiritualidad ha cumplido un papel significativo en la vida de muchas personas, de diversas culturas y geografías. Por ello, podemos inferir que la espiritualidad va de la mano de la naturaleza humana, más allá de que se exprese o no en el marco de una determinada religión institucionalizada.

Dentro de la psiquiatría, psicología y medicina, se está procurando una visión más integral de la salud, que incluya también lo espiritual, dado que la realidad humana es compleja y multidimensional. Esto se ha visto también impelido por la misma demanda de los pacientes que, cada vez más, cuando recurren a un facultativo requieren hablar de estos tópicos.

Así se están dejando de lado perspectivas reduccionistas o empíricas en las cuales se descarta aquello que no es "visible" o "mensurable". De hecho, ya existe una rama dentro de la Psicología que se ha dado en llamar Psicología de la Religión. Está inserta dentro de la Asociación Americana de Psicología y de la Asociación Mundial de Psiquiatría y, obviamente, en todas las carreras religiosas que conozco.

Es que numerosos y diversos estudios han mostrado últimamente la influencia positiva de la espiritualidad en la salud mental y el bienestar general. Por esto, en los programas de formación de los residentes de Psiquiatría en los Estados Unidos, se incluyen temas relativos a factores espirituales que afectan el desarrollo psicológico.

Todo ello, sin contar la ya referida Logoterapia de Víctor Frankl, la Psicología Analítica de Carl Jung, así como otras psicoterapias humanistas y algunas de las denominadas Integrales o Transpersonales.

Como hemos visto, la espiritualidad se puede vivir de una manera sana o enferma. En el primer caso, se trata de una verdadera *Inteligencia espiritual* pues es vivida en profundidad, siempre y cuando se enfoque adecuadamente. Algunos de estos beneficios son:

- Favorece el equilibrio interior y la estabilidad mental, que se refleja en menores alteraciones psicopatológicas e impulsa a tener sentimientos positivos.
- Aporta actitudes más creativas, positivas y constructivas para enfrentar las situaciones vitales.
- Proporciona un enfoque positivo de la vida y permite obtener mayor satisfacción de ella, otorgando esperanza y sentido.
- Confiere esperanza, sentido y estimula el autoconocimiento, lo que ayuda a tener una actitud introspectiva.
- Facilita el alance de una mayor libertad interior y el desarrollo integral del ser humano.
- Ayuda a que las personas se sientan apoyadas y reconfortadas ante distintas dificultades en sus vidas, disminuyendo la gravedad o incidencia de una depresión, de situaciones ansiógenas, de consumo de drogas, de estrés y aislamiento social.

- Beneficia la salud física gracias a que se practica un estilo de vida más sano y se experimenta una mejor salud integral.
- Disminuye la tasa de suicidios al ser menor el impacto de eventos vitales traumáticos o estresantes, ayudando a afrontar el sufrimiento.
- Ayuda a descubrir sentidos más profundos en la realidad, brinda un 'GPS' de valores, discriminando lo relevante de lo que no lo es.
- Redescubre y acrecienta la resiliencia. *Resiliencia* es la capacidad que tiene el ser humano para sobreponerse a la adversidad y aún así salir fortalecido. Algunos lo asemejan al término *entereza,* pero creo que la resiliencia va más allá.

En mis años de adolescencia, pude descubrir a varias personas con esta capacidad de resiliencia que, sumado a otras características, les otorga el título de *inteligentes espirituales*. Esto se debe a que yo asistía a una iglesia cuyos miembros eran armenios que tenían muy fresco en sus mentes y en sus cuerpos el primer genocidio del siglo XX.[46] Eran personas que habían visto morir a su familia, sus amigos, barrios y pueblos enteros. Siempre me preguntaba qué hacían en la iglesia habiendo experimentado tanto dolor. Ellos hablaban, predicaban del amor de Dios, contaban acerca de cómo se podía perdonar. Estas personas gozaban de la libertad de vivir, enseñar, trabajar, reír. Disfrutaban de la oportunidad que Dios les daba.

Fue por esa misma época que al leer el Martin Fierro de José Hernández, descubrí la frase *"saber olvidar lo malo, también es tener memoria"*. Dicen esas estrofas en un español campestre:

Pues son mis dichas desdichas,

---

[46] Genocidio Armenio, 24 de Abril de 1915 inician terribles atentados y holocautos hasta 1923.

las de todos mis hermanos;
ellos guardarán ufanos
en su corazón mi historia;
me tendrán en su memoria
para siempre mis paisanos.

Es la memoria un gran don,
calidá muy meritoria;
y aquellos que en esta historia
sospechen que les doy palo,
sepan que olvidar lo malo
también es tener memoria.

Mas naide se crea ofendido,
pues a ninguno incomodo;
y si canto de este modo
por encontrarlo oportuno,
no es para mal de ninguno
sino para bien de todos.

Entiendo que no se deben olvidar los hechos, pero he aprendido que, sin sed de venganza, se debe reclamar justicia porque así es menos pesada la historia y porque perdonando puede mirarse al futuro sin carga. Ejemplo de esto es que los armenios y sus descendientes llevamos en nuestra memoria aquel genocidio de 1915, que ya ha cumplido 100 años sin total reconocimiento.

Pertenecer tiene sus privilegios

El ser humano lleva en sí una naturaleza comunitaria, es un ser social. Congregarse en una comunidad religiosa le brinda al hombre un sentido de pertenencia, en especial al participar en rituales y otras actividades sociales donde las personas pueden compartir diferentes facetas significativas de sus vidas. Al facilitar el encuentro interpersonal, se le ofrece una red social que brinda apoyo, disminuyendo la sensación de soledad.

Favorece la formación de vínculos de solidaridad e interés sincero por los demás, lo que hace que las personas estén más dispuestas a prestar ayuda a otros en situaciones de necesidad. Promueve las actitudes de servicio, al comprometerse, al procurar la reconciliación y al practicar el perdón.

Todo lo expuesto alimenta la autoestima, la valoración, la sensación de seguridad y ayuda a sentirse mejor con uno mismo. Si además lo pensamos desde la herencia que se deja a futuras generaciones, todo es beneficioso.

Un cambio fisiológico

Mencionamos algunas ventajas fisiológicas de cultivar la espiritualidad como un mejor manejo del estrés, la salud cardíaca y la sanidad interior del alma que reduce la tensión, la ira y sus nefastas consecuencias.

El espíritu es como un músculo. Suelo enseñar en neurorehabilitación que el cerebro debe ser estimulado, ya que existe el concepto de la gimnasia cerebral asimilándolo a la gimnasia física. Cuanto más se ejercitan específicamente, más se desarrollan neuronas en ciertas áreas, y se adaptan a nuevas y diferentes funciones. Los pacientes que han sufrido algún accidente cerebral, como un ACV, o un deterioro cognitivo por envejecimiento, maravillosamente, pueden recuperar funciones psíquicas perdidas gracias a la plasticidad neuronal. Este concepto nos permite hoy como profesionales expandir de una manera impensada nuestra idea de la masa cerebral.

Del mismo modo, la flexibilidad espiritual permite expandirnos a lo infinito, a lo sobrenatural. Nuestro espíritu debe ser ejercitado y desarrollado en función de alcanzar aquellas cosas que, hasta ahora, no veíamos. Así como hemos visto desarrollar científicamente la anatomía corporal y ahora cerebral, es momento de desarrollar nuestra espiritualidad. Comenzamos con lo más visible, el cuerpo; luego continuamos con lo tangible, el cerebro; y ahora vamos por lo invisible, el espíritu.

El hombre ha desarrollado su cuerpo. Las olimpíadas griegas hicieron un culto de la actividad física, para volver a retomar estos conceptos en el Renacimiento con la admiración por las formas. Llegando al siglo XIX, la mente fue el misterio a develar y el desarrollo de la investigación nos trajo a nuestro siglo, el de las neurociencias.

Sin embargo no llegan a escribirse libros de varios tomos sobre las neurociencias. Recuerdo el relato de un amigo, doctor en neuropsicología, que me contaba que en el 2005 escribió un libro en los Estados Unidos y lo envió inmediatamente a sus editores en España. Pero el proceso de corregir, editar, imprimir y distribuir la obra dilató la llegada del libro traducido a su país –que se concretó recién en 2007. Mientras leía su "nueva" propia obra, marcaba temas para desechar y volver a hacer una edición con sus propias y ajenas últimas investigaciones. Ese fue el año en que decidió no volver a escribir libros sino artículos en internet con sus nuevos proyectos.

La velocidad de la globalización nos sumerge en la vorágine de lo nuevo. ¿Será que necesitamos volver a pensar en lo inmaterial, en lo sobrenatural? Lo espiritual no es nuevo; el pueblo hebreo pensaba desde el principio en Dios. Hace más de 2000 años que pensamos como cristianos. Hubo un período en que la iglesia se apoderó de las cuestiones espirituales pero hoy la autonomía le permite al ser humano pensar individualmente en Dios. ¿Puede el hombre desarrollado hacer una introspección espiritual? A esto apuntamos. No a una cuestión psicológica, emocional o interpersonal únicamente, sino a la inteligencia suprema, a la *Inteligencia espiritual.*

Esta *Inteligencia espiritual* no discrimina género ni etnia. No tiene que ver con el poder ni con la instrucción. No es exclusiva de algunos. Se alcanza según el anhelo y la responsabilidad de cada uno que la desarrolle, porque no es competitiva. La *Inteligencia espiritual* se hace intrigante hasta volverse deseable, luego necesaria, luego imprescindible, luego indescriptible. Va tomando un lugar tan importante en el ser humano que se convierte en un estilo de vida, parte de uno mismo.

La *Inteligencia espiritual* reordena la escala de valores; la persona espiritual le da prioriza lo importante, lo trascendente. Hablo de escala de valores, no de lo que debe hacerse primero. La persona espiritualmente inteligente no es alguien que mira al cielo todo el día esperando recibir algo como el maná, gratuito y sin esfuerzo. Son personas que dejan cosas intrascendentes por algo superior. No abandonan los quehaceres del cotidiano vivir, no desprecian a su familia ni a sus trabajos, pero ponen la mira más allá, tienen un visión más amplia.

Sugerencias para desarrollar la Inteligencia espiritual

- Comenzá leyendo escritos que eleven tu espiritualidad. Si querés leer la Biblia, comenzá por el libro de San Juan, en el Nuevo Testamento. Es un texto sencillo de comprender y así te familiarizarás con el mensaje espiritual. Leé pausadamente y, si es posible, en voz audible para no distraerte. No te apure, leé y entendé. La espiritualidad es una carrera de regularidad, no de velocidad. La constancia y permanencia produce muy buenos frutos. Si no tenés una Biblia, buscá en internet una versión de lenguaje sencillo o podés pedirla en forma gratuita a **info@psicristiana.com**
- Leé menos de lo previsto para dejar tiempo a la meditación. Ahora, pensá en lo que leíste. No pienses en otra cosa. Tomá apenas unos minutos para confirmar que comprendiste. Si fuese posible, contáselo a alguien

para reafirmarlo. Repetí una frase o versículo de la Biblia hasta aprenderlo de memoria.

- Ahora, es momento de relajarse, de pensar en tu propia vida y definir lo que realmente necesitás. Es momento de creer y pedirle a Dios exactamente lo que querés. Es momento de enviar la carta y esperar la respuesta.

- Sin dejar pasar tiempo, buscá algún lugar donde reunirte con personas que compartan tu misma fe. Pedí a Dios la guía necesaria para encontrarte con quienes estén dispuestos a escucharte. Recuerdo cuando acompañaba cada semana a mi suegra al sanatorio para que recibiera quimioterapia. Salíamos con tiempo y llegábamos siempre bastante temprano. Yo la veía hablando con otras mujeres en la sala de espera y contagiándoles su fe, su ánimo y esperanza. Me parecía raro que siempre estaba el mismo grupo de personas; parecían haberse hecho amigas. Descubrí que todas las mujeres querían volver en el horario cercano al suyo, para poder conversar especialmente con ella en la sala de espera.

- Participá de grupos que tengan tus ideas, tu fe. Reconocé si hay entre ellos personas con *Inteligencia espiritual* que te ayuden a crecer en tu fe. Cuando escuchamos y compartimos vivencias con personas espirituales, que tienen los requisitos mencionados, siempre obtenemos crecimiento espiritual, desafíos de fe, una nueva mirada sobre temas difíciles. Contaba un amigo que cuando uno comparte tiempo con personas espirituales, se llega a *contagiar* de ellos. No puede pasar desapercibido. Cuando era chica, acompañaba a mi papá hacer las compras semanales, pero no quería que comprará café recién molido porque cuando subíamos al colectivo siempre escuchaba algún comentario como "parece que el señor compró café". Y me daba vergüenza porque era evidente que estaba entre nuestras bolsas. Así sucede cuando estamos con personas con *Inteligencia espiritual*, no podemos dejar de percibir *algo diferente* que nos influencia beneficiosamente. No es sólo conocerlas, es más bien compartir tiempo con ellas.

- Dejáte ayudar, acompañar. Es posible que no sepas cuál es la solución que necesitás, dejá que el Santo Espíritu actúe en vos. Observá con paciencia lo que va pasando a tu alrededor y en vos mismo. Al igual que cuando vamos al médico de urgencia, el dolor está presente pero no tenemos el remedio. Necesitamos la ayuda de un especialista.

- Sé constante. Perseverá en la búsqueda de inteligentes espirituales que te beneficien en el conocimiento y crecimiento de tu fe. Aprendé a diferenciar, a los espirituales se los reconoce por su humildad y su entrega en el servicio.

- Comenzá a dar. Cuando quien necesita comienza a dar, se inicia una nueva realidad; las perspectivas cambian. Admiro a los voluntarios constantes. No hablo de ser solidario cuando ocurre una catástrofe. Valoro a los que dedican tiempo durante años a ayudar desinteresadamente. Desde joven, Eduardo, mi esposo, visitó algún hospital cercano periódicamente. Con el correr de los años él mismo llevaba a personas que se sumaban a su esfuerzo. Hubo tiempos en que tenía muchos ayudantes, pero también hubo tiempos en que iba solo. Eso no le importaba ni lo desanimaba. Él siempre iba. A los 37 años tuvo cáncer por primera vez y, aún internado por su operación, seguía hablando de su fe con otros. Por veinte años más, siguió con esa tarea. ¡Nada frena a un *inteligente espiritual*, no puede traicionar la misión interna que reconoce!

Resumen

- Numerosos y diversos estudios han mostrado últimamente la influencia positiva de la espiritualidad en la salud mental y el bienestar general.
- Existen ventajas fisiológicas de cultivar la espiritualidad como un mejor manejo del estrés, la salud cardíaca y la sanidad interior del alma. Todo esto reduce la tensión, la ira y sus nefastas consecuencias.
- La *Inteligencia espiritual* reordena la escala de valores; la persona espiritual le da prioridad a lo importante a lo trascendente.

CONCLUSIÓN

En los últimos momentos de la escritura de este libro volví, a modo de revisión final, sobre aquellas preguntas que motivaron el inicio de esta empresa. ¿Para qué escribir este libro? ¿Qué utilidad tiene? ¿A quién le sirve?

Recién ahora comprendo que tengo esas respuestas completas. Durante mi vida muchas personas me dijeron que escriba sobre tal o cual cosa pero nunca me animé. No creí estar capacitada para decir algo al mundo. Con el tiempo quise escribir sobre la neuroteología uniendo dos pasiones: cómo actúa la fe en el cerebro. Un encuentro con Gustavo facilitó la tarea.

Ahora, el desafío está planteado. Transitar el camino espiritual implica una modificación que traspasa todos los ámbitos de la vida. Por eso, un desarrollo espiritual inteligente requiere un esfuerzo mayor que cualquier cambio en otra área de la vida. Sin embargo, aunque este objetivo pueda parecer difícil, no es imposible y es el desafiado quien debe dar el primer paso.

Entender la mejor manera de transitar este camino espiritual que subyace toda nuestra vida fue el objetivo de este libro.

Esperamos haberlo alcanzado.

ANA GRACIELA KELLEYIAN MANOUKIAN

Kelleyian Manoukian, Ana y Romero Santos, Gustavo
Espiritual mente. Lográ una Inteligencia Superior para una Vida
Plena.
1a ed.
ISBN 978-987-02-8390-4
1. Espiritualidad. 2. Psicología. 3. Neurociencia.
I. Romero Santos, Gustavo. II. Título.
CDD 291.4

www.ingramcontent.com/pod-product-compliance
Lightning Source LLC
Chambersburg PA
CBHW072234150726
48002CB00005B/2083